松本隆宏
Takahiro Matsumoto

地主の経営

Act, and the future will change.

これからの時代を
生き抜く実践知

マネジメント社

序　章

なぜ、
地主に「経営」が
必要なのか？

「経営」という言葉に込められた意味

今、本書を読んでいるみなさんは、「地主の経営」というタイトルを見て、どのような印象を持っただろうか？　この本を手に取ってくれた多くの方が地主かそのご家族、または地主に何らかの関わりがある方ではないかと想像しているが、ほとんどの方が「経営」という言葉にあまり馴染みがないのではないだろうか。

じつは、この「経営」こそ、地主のみなさんに心に留めていただきたい言葉であり、大切な資産を守るためのキーワードである。

そのことをお伝えするために、まずは「経営」という言葉の意味について触れたい。少しだけお付き合いいただければと思う。

今日《こんにち》では、経営という言葉はおもに企業活動において使われているが、もともとは仏教用語であったようだ。仏教にあっては、経営とは「**自分自身をどう活かし、自分の人生をどう営んでいくか**」という意味があり、働き、汗を流しながらコツコツと日々を生きる姿そのものを指すという。

たとえば、源氏物語の中で使われている「子どもの経営」という言葉は、人格の形成や人間としての成長を意味し、単に知識を学ぶだけではなく、人としての成長を遂げながら自らの人生の歩み方を問う仏教の経営観が反映されたものだそうだ。

これらの意味から私は、地主にとっての「経営」とは、単に売上や経費などの数値面だけを気にすればよいのではなく、**地主としての生き方そのものであると**捉えている。その中には当然、**人と人とのつながりや関わり合いも含まれるだろう。**

たとえば、相続について考えてみてほしい。地主のみなさんが行う相続対策は、自分のためではなく、次の世代が困らないように備える目的があるのではないだろうか。自分のことだけを考えるなら、現状のままなんとかやり過ごし、あとは後代に丸投げするという選択だってあるかもしれない。

しかし、その資産は先祖代々引き継がれてきたものであること、そして大切な家族・親族のことを考えれば、「ご先祖が大切に引き継いできた資産を、良い形で次世代に残したい」「次世代が大変な思いをしないような形で引き継ぎたい」という思いが生まれるのではないだろうか？　そこでハッと問題意識を持つようになれば意識が切り替わり、何らかの行動を起こそうとするのではないだろうか。

意識の矢印が自分ばかりに向いていたら、相続はうまくいかない。**資産の背後にある先祖の存在、そして未来の次世代を思いやる気持ちがあるからこそ、いい継承がなされていくのではないだろうか。**

そもそも、「経営」とは「経」と「営」という言葉から成り立っている。つまり「**経理**」と「**営業**」のそれぞれの頭文字だ。

この2つの言葉の意味を見ていくと、前者はお金に関する事務処理を指し、後者はお金を増やすための行為をあらわす。経営者であれば当然、この2つの力を備えていなければならないわけだが、地主のみなさんにとっても同じことが言えるだろう。

お金を増やすことなく、経理処理にのみ徹していると、地主の資産は相続のたびに目減りしていくのは想像に難くない。ところが、**多くの地主たちは「営業＝お金を増やす」ことよりも、相続対策などの節税面ばかりに気を取られ、資産を増やそうとしていないのが現状だ。**

もちろん、節税も大切なことではある。しかし、それはあくまで利益を得たあとに行うお金の処理であって、まずは根幹となる事業を成り立たせるべく「営業＝お金を増やす」ことが何より重要だと私は考えている。

先代から受け継いだ大切な資産を守っていくためには、**「経営」という視点、すなわち、「いかにお金を増やし、それをどう扱ってお金の良い流れを生み出していくか」という意識を持ち、資産を活用していく必要がある。**

そんなメッセージを込めて、本書を「地主の経営」というタイトルにした次第である。

「営業＝お金を増やす」の重要性

私は、地主の参謀として、地主家族の経営改善の助言を行いながら解決へ導くサポートを行っている。

具体的には、問題解決のためには何が必要で、何を糸口にすべきか、ならばどういう専門家にサポートしていただくのがよいかといった解決の道筋を組み立て、地主に代わりさまざまな専門家の力を活用し、より良い未来へ導くマネジメントを行っている。

私自身、地主の家に生まれ育った一人である。親身になってくれる助け手が不在で、相続で大変な目にあってきた親族の姿を側で見ながら大人になった。

真に地主の立場に立って考え、何を売り込むわけでもなく、耳を傾け親身になってくれる人。そんな人がいてくれたらどんなによかっただろう……。その思いから私の「地主の参謀」としてのキャリアはスタートしている。

私が地主の方とお会いするたびに感じているのは、多くの方が「**営業＝お金を増やす**」**意識に乏しい**ということだ。

ほとんどの方が「受け継いだ資産をしっかり守り抜こう」と思っている。真面目な人ほどその気持ちが強く、たとえ日々の生活を切り詰めてでも、来るべき相続に備えている印象だ。それは自分の使命を果たそうとする強い気持ちのあらわれでもあり、祖先を大切にする思いはじつに尊いものだと思う。

一方で、資産防衛に対する強いプレッシャーが大きなストレスになっているようにも感じる。同時に、変化を恐れる気持ちから引き継いだ資産を動かさずそのまま引き継ごうとする意識も働き、その結果として、「増やす」ための活用がうまくできていないケースは少なくない。

残念ながら、そのような「守り」の姿勢だけでは、「**相続が3代続くと財産はなくなる**」という通説の通り、地主の資産はただ目減りしていくだけだ。資産の組み替えを積極的に行う「攻め」の姿勢がなければ、守る基盤さえなくなってしまう。

日本の高い税率に加え、近年、修繕費や物件の管理に伴う諸経費などがますますかさむようになっており、地主を取り巻く経済環境はいっそう厳しくなっている。先に述べた「経営」という言葉の通り、**資産を活用しお金を増やす努力をしなければ、代々受け継がれた大切な資産は確実に減っていってしまうだろう。**

多いのが、相続時に売りやすい畑や駐車場を売却し、相続税を支払うためのキャッシュをつくるという相続対策を行うケースだ。他に所有する古い物件については、「誰もほしがらないだろうし、売れるはずもない」と思い込み、手元に残してしまう。しかし、良い資産ならまだしも、そんな管理に手間のかかる築古物件を引き継ぐことになった子ども世代は、果たして喜ぶだろうか？　もしかすると、不動産が嫌になってしまうかもしれない。

非常に残念だが、地主の実情としてこのような構図ができあがってしまっているように思う。

なぜ、このような悲劇的なパターンが繰り返されてしまうのだろうか？

その理由のひとつが、**地主が「呪縛にとらわれている」**ことではないだろうか。長年の付き合いがある税理士などの専門家独自の考え方や、誤った知識をもとに吹き込まれてきた親の教え、地域に代々伝わる特有の風習など、偏った物の見方や考え方に地主自身が縛られてしまっていることが多い。

地主の方々の中には、保守的で変化の少ない生活を送っている人も少なくない。環境の変化もなく、決まりきった人間関係の中に長期間い続けることで、関わる人の影響を強く受けてしまっているのだ。

呪縛のようになっている思い込みのひとつが、「不動産は動かさないもの」というイメージだ。もちろんそれは誤りで、実際は「動くもの」である。

親や親族など身近に建築や不動産で大変な目にあった人がいると、不動産や建築に対してマイナスイメージが強烈に植え付けられてしまっている場合もある。

これは私個人の考えに過ぎないが、**不動産**の「**不**」という漢字が「**動かない、動かせないもの**」という**ネガティブなイメージにつながっているのではないだろうか。**

いっそのこと、「活」という文字に置き換えて「**活動産**」と呼べば受ける印象が変わるのではないかと思う。すると、同じ土地や建物を見たときにも、「不動産を活かす」イメージが脳内に生まれ、捉え方が一気に変わるだろう。

「活動産」は、まさに資産運用の実態をよくあらわす良いワードではないかと思う。組み替えるだけではなく、たとえばうまく活用できていない土地をその地域の活性化のために最大限活かすつもりで生まれ変わらせる。それも資産運用のひとつの形だ。

そういう思いを持って取り組んだ事業は、多くの人の「ありがとう」を生み、結果としてお金を運んできてくれる。「活」を意識することで、所有する資産の活かし方を考える良い機会となるだろう。

ここで述べたのはひとつの例ではあるが、本書は、こうした新たな気づきを得られるようなヒントを随所に散りばめたつもりだ。

地主の使命をまっとうするために

誰と共に歩むかで、行動と決断が変わる。それに伴い、未来は変わる。

私はこれまで、付き合う相手を変えることで未来を変えてきた地主たちをたくさん見てきた。

冒頭で、経営という言葉の本来的な意味に「人と人との関わり合いや思いやりがある」といったことを述べたが、まさに、「**誰と共に歩むか**」**が地主にとっての究極的な経営である**と考えている。

本書はそんな地主のみなさんにとって重要なテーマである「**誰と共に歩むかで未来は変わる**」をコアメッセージとして、3人の地主の方を取材し、彼らの経験談をまとめた。

税も不動産も、地主の方々にとっては切っても切れないものだろう。いずれも専門知識が必要な分野であり、より良い資産の運用のために備えるべきことは山ほどある。

しかし、だからといって「目の前の節税対策」や「不動産売却」といった目先のことばかりに注力していると、どこに向かって進んでいるのかがわからなくなり、ゴールを見失ってしまう。そもそもはじめからゴールを考えていない人も少なくない。

私はよく、顧客である地主の方々に、「5年先のイメージを持ってほしい」とお伝えしている。大切なのは、5年後、10年後にどうなりたいのかというビジョンを持ち、それを見据えて行動することだ。**成果を出すためには、小手先のテクニックではなく、こうした考え方**（＝**思考**）**が何より重要**になる。

成果は思考と行動の掛け算だ。変化を恐れる思考を持っていては、行動に移すことができない。すると当然、成果が出るはずもない。根本の考え方が変わらなければ成果は生まれず、未来は変わらないのだ。

人は自分が思い描いた未来に近づこうとするものだ。「失敗するかもしれない」と恐れる気持ちに支配されていたら、自然と失敗する方向に向かっていってしまう。だからこそ、**ありありと未来の良いイメージを思い描く**ことが大切で、それは選択に迷ったときの道標となり、困難を乗り越える力にもなってくれるはずだ。

加えて、情報を整理することも決して軽んじてはならない。良い選択をするためには物事を俯瞰して冷静に判断する必要があり、そのときに重要になるのが**現状を整理して「見える化」**することだ。現状を正しく把握して、俯瞰的に見ることで、良い決断につながるのだと私は思う。

総じて、地主は自分の能力以上の使命を負い、大きな負担がかかっているのではないだろうか。地主になるための教育を受けていないため仕方がないことだが、何の知識もなく、どうやって受け継いだ資産を管理していけばいいのかわからない状態のまま、みな手探りで地主になっていく――それが現状だ。

ちょうど、ろうとの上から注いだ水が下にスーッと流れ落ちていくように、自分の功績によってではなく、先祖から半ば自動的に資産を託される。**受け継ぐのは「資産」であって、それを管理するだけの経営能力は引き継がれていない。**

このように考えると、受け継いだ者が「自分一人でなんとかしよう」とするのは的外れな考え方ではないだろうか。自力でなんとかするにも限界があり、疲弊するだけだ。人の手、もっといえばプロフェッショナルの手を借りる必要があると思う。

受け継いだ資産をただ守るだけでは、先端に向かってどんどんすぼまっていく。そうではなく、プロの手を借りて受け継いだ資産を増やし、より良い形で次の世代に継承する。そうすることで地主としての使命をまっとうできるのではないだろうか。

誰と共に歩むかで、未来は変わる

私はこれまで、『地主の参謀』『地主の決断』『地主の真実』という本を出版した。

とくに2023年に出版した『地主の決断』では、地主のみなさんが資産を守るために必要となる3つの力（人を見極める力、時代の流れを読む力、決断する力）についてまとめた。また、『地主の真実』では、地主の方6人のリアルなエピソードを交えながら、地主を取り巻くおかしな実情について述べた。

それぞれテーマが異なるので、この2冊をまだ手に取っていない方は、本書と合わせてお読みいただきたい。相互理解がより深まるはずだ。

本書は、地主のみなさんにとって最も大切である経営という観点から、「**誰と共に歩むかで、未来は変わる**」というメッセージを込めて執筆している。登場する3人の地主は、それぞれ異なる課題を抱えていたが、いずれも共に歩むパートナーを替えたことで未来が大きく変わった経験を持つ方々だ。不動産管理会社や金融機関、税理士など、それぞれに関わってきたプロがいたが、現状を変えるための勇気ある決断を積み重ね、**付き合うパートナーを替えたことで、見える景色がガラリと変わった好例**である。

単に相続に関する悩みや課題が解決されただけではなく、それに伴い、とらわれていた呪縛から解放され、思考と行動が変化した。それらが結果的に生き方の変化につながったことは、長年その方々と共に歩んできた私も、本当に驚いている。

ある方は、お会いしたときは向かうべきゴールを見失っている状態で、いつも過去ばかり見ていたのを鮮明に思い出す。変化することを恐れ、はじめの頃は打ち合わせで何を伝えても、後ろ向きな発言ばかりだった。それが、何度も話すうちにみるみる考え方（思考）が変わり、行動が変化していった。

他の御二方も、はじめてお会いしたときとはまるで別人のように、漠然とした不安やストレスから解き放たれ、いつお会いしても明るい表情をされている。今は未来に希望を持ち、物心共に豊かな生活を送っている。

この3人のエピソードを通して、読者のみなさんもその方々のビフォー・アフターに驚くことだろう。そして、誰と共に歩むかによって結果が大きく変わるということを知っていただけるのではないかと思う。

第4章では、私自身の仕事のパートナーでもある横山洋昌氏（深代税理士法人）と稲垣孝則氏（株式会社エスクロー・エージェント・ジャパン信託）を招き、特別対談をまとめている。

横山氏、稲垣氏共に、本書に登場する3人の地主のプロジェクトに関わった各業界のプロフェッショナルである。普段なかなか聞くことのできない、**地主に関わる税理士の実情や、不動産売却の裏話**なども盛り込んでいる。卓越したプロの視点に触れることで、「こんな考え方があったのか！」と、自分の当たり前が覆される新たな気づきが得られるかもしれない。

本書を読み終える頃には、「経営」への理解が深まり、「地主の経営」というタイトルに込めた意味を、新たな視点で理解することができるだろう。そして、本書が読者のみなさんの未来を変える一助となれば、著者としてとてもうれしい。

目次

序章　なぜ、地主に「経営」が必要なのか？

第1章　星野家――信頼できるパートナーの存在が最大の利益を生み、リスクを最小化する

第2章

大川家——付き合うパートナーを替えて見えてきた プロの真価と実力の差

第3章

中島家――見よう見まねの賃貸経営から学んだ事業の組み立て方と信頼するパートナーの必要性

第 1 章

星野家
——信頼できる
パートナーの存在が
最大の利益を生み、
リスクを最小化する

夫の死後、「資産を守る」という重圧がのしかかる

店の経営と将来の生活

「とにかく毎日が不安で……。お店の経営のことや先々の生活のこと、いろいろなことがずっと頭にあって、心も体も休まることがありませんでした」

そう語るのは、依頼者の星野紘子さん（50代・女性）。穏やかな口調で夫の亡き後を振り返った。

紘子さんの夫が亡くなったのは10年ほど前のこと。当時、夫の治郎さんが営んでいた割烹料理店を、紘子さんがそのまま引き継ぐことに。紘子さんが45歳のときだった。

「引き継いだ事業を続けなきゃという思いが、ずっとあったんです」

紘子さんは結婚後、店を手伝ってきたが、接客が中心だったため経営や経理についてはまったくの素人。治郎さんが亡くなった後は、右も左もわからない状態でなんとか店を切り盛りする状態だった。

しかし、悩みはそれだけではなかった。夫の治郎さんが亡くなったとき、紘子さん一家は義母と同居していた。病気持ちだった義母の介護が必要になり、紘子さんは義母の世話もしていたのだった。

「その頃、お義母さんの通院に付き添っていたのもあって、お義母さんが亡くなった後のことも考えるようになったんです。2人の子どもたちは独立して家を出てしまったので、私一人の生活を想像すると、すごく不安になりました。広い土地に建つ古い家に住み続けるのは、セキュリティの面でも気がかりでした」

背負い込んだビルを守る責任

紘子さんのご主人は、先代から引き継いだビルを所有しており、それを紘子さんが相続することになった。

紘子さんは、先代である義父が常々、「将来、このビルを孫に渡したい」と言うのを聞いていた。2人の子どもたちもその言葉を聞いて成長した。

「子どもたちは、小学校高学年の頃には『将来、自分たちがビルを引き継ぐことになるんだろうな』と、なんとなく思っていたようです。でも、私にとっては少し荷が重くて……。守らなきゃ守らなきゃと、がんじがらめになっていました。なんでこの役目が私なのだろうと思ったときもあったんです」

上品な佇まいで、お会いするときはいつも柔らかな笑みを浮かべる紘子さん。しかし相談に乗り始めたこの頃は、不安やストレスに押しつぶされそうな暗い表情だったことを、私もよく記憶している。

一般的に、「地主」＝「資産家」というイメージがあり、ゆとりのある生活をしているのだろうと思われがちだが、その実情を知ればそのイメージは変わると思う。

多くの地主は、いずれ来る相続に対する不安や、「先祖代々の資産を守らなければ」という責任感が、常に頭の片隅にあるものだ。

紘子さんも、こうした不安や責任感に押しつぶされそうになっていたのだろう。

【地主として、経営者として】

星野家に受け継がれる駅前の商業ビル

ここで、星野家の歴史を少し紐解いていきたい。

紘子さんは、先代の息子である治郎さんと結婚して星野家に入った。前述の、紘子さんがご主人から受け継いだ駅前ビルは、創業者である先々代、つまり治郎さんの祖父が建てたものだった。

第二次世界大戦直後の混乱期、星野家の先々代は地方から東京郊外の商業地に出てきて蕎麦屋を始めた。店は流行り、先々代は駅前に土地を買った。

先々代には2人の息子がいた。昭和30年代、息子たちはその土地でそれぞれ飲食店を始めた。長男（紘子さんの義父）は割烹料理店を、次男は喫茶店を開いた。

場所は駅に近く、人通りが多い好立地。どちらの店も繁盛した。

「隣同士で店をやっているなら、一緒にビルを建てたらいい」と考えた先々代は、ビルを建てることにした。先々代が建てたそのビルの地下1階には、紘子さんの義父が経営する割烹料理店が入り、2階には喫茶店を営む次男が店を構えた。それ以外のフロアはすべてテナントとして貸した。

ビルが建った当初から、1階には雑貨店がテナントとして入居していた。他にも、歯科医院、美容院、エステサロンなど、良いテナントが途切れることはなかった。

先々代が亡くなると、駅前ビルの所有権は、2人の息子が共同所有で2分の1ずつ引き継いだ。

星野家への嫁入り

先代が駅前ビルの地下で割烹料理店を経営していた頃、紘子さんはその長男である治郎さんと結婚した。昭和63年のことである。結婚後、紘子さんご家族は治郎さんの両親と一緒に住んだ。紘子さんは子育ての合間に店を手伝うことが多かったという。

やがて、その店は紘子さんの夫・治郎さんに引き継がれた。当時から店は地域の人なら知らない人はいないほどの繁盛店で、100人収容の宴会場を持ち、板前だけでも7～8人いる大きな店だった。

「じつは、子どもの頃の私はすごく引っ込み思案でした。自分から人に声をかけることが苦手だったんです。自分から積極的に動くタイプではありませんでした。だからもうちょっと積極的になりたいと、小さい頃からずっと思っていました」

それが夫の店を手伝うようになり、少しずつ紘子さんは変わっていったという。

義父の死後、ビルを承継した夫

義父が亡くなったのは平成12年の夏。まだ68歳だった。

夫の治郎さんは、先代が所有していた駅前のビルを引き継いだ。この時点でビルの所有権は、紘子さんのご主人と、義父の弟である毅さん（紘子さんの義理の叔父にあたる）とで、2分の1ずつになった。幸いなことに借金はなかった。

紘子さんの夫は店の経営だけではなく、投資にも積極的な人だった。

投資対象としてワンルームマンションをいくつか購入するなど、自分の事業をしながら「他にもいい投資先はないか」と、常にアンテナを張っていたという。

ところが、働き盛りの治郎さんは平成21年、40代の若さで亡くなった。そのとき紘子さんが相続したのは、駅前ビルと投資用マンションなどの不動産。治郎さんが生前に購入した投資用マンションは、すでに売ってしまったものもあったが、3室は持ち続けていたのだった。現金や車などの動産は、子どもたちが受け継いだ。

事業を引き継ぐ

夫の治郎さんが亡くなったとき、紘子さんは45歳。前述の通り、紘子さんは事業も引き継ぐことになった。駅近くの商業ビルに店を構えて40年以上が経っていた。

当時の紘子さんには店を辞めるという選択肢はなかったという。あるのは、「先代から続くお店を守る」という責任感だけだった。

「夫は病気になってから、やはりいろいろと考えていたんだろうと思います。取引のある銀行や業者さん、税理士さんとのやり取りには必ず私を同席させていました。自分に何かあったときのために、私を表に出すようにしてくれていたのだと思います」

それでも、経営は素人だった。

「日々のお会計とかレジ締めとか、そういうのはできたのですが、経理や経営はわからない。税理士の先生に教えていただきながら、なんとかお店を続けていました。何の知識もなかったので、もっと勉強する必要性を感じました。それで、本を20冊以上買い込んで読んだこともあります。でも、まったく頭に入りませんでしたね」

義母の死と相続

病気を抱えていた義母は、長患いせずに82歳で亡くなった。夫が急死した後も紘子さんは星野家の嫁として、義母の世話に尽力した。

「しばらく入院していた時期もあったのですが、家に帰りたいと言うので最期は家で看取りました。お義母さんには大好きな家で好きなように暮らしてもらって、私は自宅療養のサポートを続けました。お義母さんとは最期まで一緒に生活させてもらいました」

　義母の相続財産は、実家の土地と預貯金が主だった。紘子さんはこれまで義母と一緒に暮らしてきた自宅を相続した。角地の広い土地に建つ一軒家である。

【頼る人が誰もいない】

税理士が唯一の相談相手

顧問だった税理士は先代から30年以上の付き合いだったそうだ。その税理士は一人で事務所を構えていた。

「税理士の先生が、私の唯一の相談相手でした。何かあったら『先生どうしたらいいですか?』と聞いていました。すると先生が、ご自分でいろいろと調べた範囲で答えてくださるので、頼りにしていた部分もありましたね」

しかし一方で、時折その税理士の生真面目な性格がにじむ場面が目立った。

「先生の言葉がきついと感じることも多かったんです。先生は、ことあるごとに『それは税理士の仕事ではなく、弁護士に相談する分野のことです』とおっしゃいました。もちろん、ご自分の立場から見解を伝えてくださるのですが、自分の仕事の範囲を超えるのを嫌うような印象でした。相談するたびレポートの束を渡してくださるのですが、それは、やはり素人が読んでも理解できるものではありませんでした」

やることが多く、ストレスが大きかった

それでも、紘子さんは夫の死後数年間は、その税理士のアドバイス通りに行動した。弁護士のところへ相談に行くよう勧められれば、その通りに動いた。

「先生の言う通りにしていれば間違いないと思っていました。弁護士を紹介いた

だけるか聞いてみると、『僕はそういう伝手がないので……』と言われまして。そのときも、『はい、わかりました』とのみ込んで弁護士探しに奔走しましたね。弁護士にはそれまで一度もお会いしたことがなかったので、どうやって探していいかもわからない状態。私にはハードルが高すぎたんです」

電話帳で調べ、なんとか良さそうな地元の弁護士にたどり着いた。はじめて弁護士事務所を訪れた紘子さんの手元には、びっしりと活字でページが埋められた分厚い資料があった。それは税理士が作成したものだった。

紘子さんは次のように語る。

「もともと、自分で事業をやったり経営に携わったりしてきたわけではないので、一つひとつのことが本当にストレスでした。ただそのときは、ストレスであることも感じないくらい必死だったと思います。毎日、どうしたらいいのだろうって、とにかく先生に言われることをこなすのに精一杯でしたね」

「法人化は不可能です」

紘子さんが最も気がかりだったのは、相続したビルの法人化だった。テナントからの家賃収入も大きかったが、ビルの老朽化により出ていく修繕費や管理費も大きかった。

とくに、固定資産税や所得税、住民税などの税金が高額になっており、重くのしかかっていたのだ。その税負担が大きかったのは、所有するビルの名義が個人だったことが影響していた。

紘子さんはビルの共同所有者である毅さん（義理の叔父）と頭を抱えていた。

「何年も前から『先生、税金が大変だから、個人から法人に変えるのはどうなのでしょう？』と相談していました。でも、先生は『それは不可能です』ときっぱりおっしゃって。本当に困っていたので藁にもすがる思いだったのですが、最後は『それだともう破産しますよ。数年後には資産も何もなくなって、みなさんが路頭に迷うことになります』と、そこまで言われたんです」

その言葉は紘子さんに重く響いた。

税理士の方も決して嘘をついているわけではないだろう。ある部分においては正しい指摘をしたのかもしれない。

しかし、それは往々にして**一面的な見方に過ぎず、その方の知識と経験の範囲だけで判断されることが多い。**それはお世辞にも、**地主の立場に立った対応とは言えないのではないか。**少なくとも、地主の味方ではないと私は思う。

残念だが、これが地主を取り巻く現状だ。

所有権を法人に変えることで契約書の書き直しが発生する。紘子さんのビルのように複数の関係者がいる場合、その手続きは極めて煩雑かつ膨大だ。

しかし、一度やれば大きな節税効果が期待できるため、普通の感覚がある税理士なら必要性を感じて対応してくれるはずである。だが、そういった作業に慣れていない税理士は、このように渋ることも少なくない。

税理士だからといって、必ずしも不動産や相続に精通しているとは限らない。一般の方にはわかりにくいが、税理士は思っているほどオールマイティな存在ではないのは確かだ。

このあたりの業界事情については、税理士であり私のパートナーでもある横山氏の解説に譲ることにする（第4章参照）。

【息子と叔父からの後押し】

参謀との出会い

夫・治郎さんが亡くなり先々の不安がつのる中、紘子さんは地元の住宅会社Aが主催する相続対策のセミナーに参加した。そのときはまだ義母がご存命で、紘子さんは義母の介護に勤しんでいた。

「それまでだったら、そういうセミナーに参加しようとは思わなかったのですが、そのときは参加してみようと思い立って、はじめて参加してみたんです」

待ち受ける義母の相続を考えると、気がかりなことがいくつもあった。そんなところに、ご主人が生前に懇意にしていた住宅会社Aの担当者から、セミナーの知らせをもらったのだという。

私はそのセミナーに講師として呼ばれていた。参加者のほとんどが夫婦や親子で出席する中、一人でポツンと座わる若いご婦人。それが紘子さんだった。

私は気になって休憩時間に声をかけた。

「松本さんが、『今日はどういったことで、このセミナーに参加されたのですか?』と声をかけてくださったんです。それが最初の出会いでした。そのときはまだ今後の参考程度にとしか思っていなかったので、お名刺だけいただきました」

その後、紘子さんとのやりとりは細く続いていた。本格的にご相談をいただいたのは、紘子さんの義母が亡くなって、その相続が落ち着いてからだった。

変化を求める息子

その頃、紘子さんは顧問税理士の対応に疑問を感じるようになっていた。

「税理士の先生と会ってお話しするたびに、先生のおっしゃることは正しいはずだと思いつつも、別の考えもあるのではないかと他の選択肢を探すようになっていました。でも先生の意見を聞くと、やっぱり先生の言うことだからその通りなのだろうと納得して……。その間を行ったり来たりしながらモヤモヤしていましたね」

紘子さんの背中を押したのは、当時、社会人になる息子さんのひと言が大きかった。

「息子にも松本さんの話をしていました。『じつはこんな方とご縁があって知り合ったのだけれど、どう思う?』と。すると息子が、『お母さん、僕もその方に会うから一緒に相談してみようよ』と言ってくれまして」

息子さんは顧問税理士にも会い、自分なりの意見を伝えてくれたという。

「息子がこう言うんです。『先生が言っていることは間違っていないと思うけど、一辺倒な考えだから先が見えない』って。そう言われても、これだけ長くお付き合いのある先生を急に変えるのは無理だと私は感じてしまい、そのことでずいぶん息子と言い合いになりました」

息子さんの存在は紘子さんにとって心強かった。しかし一方で、変化に柔軟な息子さんの考えと、これまでの方法を守り抜こうとする紘子さんの考えとの違いが次第に明確になり、紘子さんは板挟みになっていった。

「先祖代々の資産を守ろう」という思いは尊いが、呪縛のように地主を苦しめる

こともある。

5年先のイメージを持つ

この頃の紘子さんの視点は、まだ過去に向いていていたように思う。

「私は心配ばかりする性格なので、いつも、この先どうなってしまうのだろうと不安になっていました。そんなとき、松本さんから『5年、10年先にこうなっていたらいいなと望むことを、まず思い描いてみてはいかがですか?』と言っていただいたんです。そんな発想がまったくなかったので、ハッとしました。確かに、このまま悩んでいても何も変わらない。だったら5年先のために、松本さんにご依頼してみようという気持ちにだんだんと変わっていきました」

「資産を守る」ということは、「変化させないこと」では決してない。多くの地主は「守り」に入り、変化を嫌がる傾向にあるが、**「経営」という視点を持つならば、資産を守るためにはむしろ積極的な「攻め」の姿勢が求められる。**これについては拙書『地主の決断』でも詳しく解説しているが、本書でも随所で触れていきたい。

ここで強調しておきたいのは、**変化には段階があるということだ。**紘子さんのように、**自分のマインドブロックに気づくことがまずは大きな一歩となる。**

先見の明を持つ叔父の存在

決定打となったのは、駅前ビルの共同所有者である義理の叔父、毅さんの一言だった。毅さんはさまざまな事業を展開しているやり手の経営者で、紘子さんにとっては気軽に近づける存在ではなかったという。

紘子さんの息子さんの勧めもあり、紘子さんと毅さん、私、横山氏の4人で話し合いの場を持つことになった。

「私にとって叔父は近づきにくい存在でしたが、経営者として尊敬していました。そんな叔父が、松本さんにお会いするなり『君にお願いしたい』と言うなんて。正直、驚きました。その打ち合わせの直後に、叔父から電話があったんです。叔父は私にこう言いました。『紘子さん、いい方を紹介してくれてありがとう』って。その言葉を聞いたとき、迷いがなくなりましたね。叔父はもう亡くなっていますが、あのときいただいた感謝の言葉を、今でも忘れることができません」

両家の思いは一緒

その後は話が進んだのだが、それまでビルの管理のことで同じ悩みを抱えながらも、複雑な共有不動産であっただけに、2人は解決に向けて行動することが難しかった。

「松本さんに同席いただきながら叔父の話を聞く中で、叔父自身も、叔母やお嬢さんのことをすごく心配しているのが伝わってきました。今の状態を次の世代に背負わせたくない。その思いは一緒なのだと感じました」

今回のケースは、紘子さんの一存で進めることはできず、毅さんとの合意が不可欠であった。その点で、まずは両家が足並みをそろえて同じ方向を向くことができたのは大きな一歩だった。

資産を動かすときにはこうした家族・親族間の問題が絡むケースも少なくない。**そのときに、参謀のような調整役を間に置くことも賢い選択のひとつだ。**当事者同士ではらちが明かないことが多い。

自宅の整理

未来のための計画

まずは自宅の建て替えに着手することになった。

「それまでは、先代が築いてきたものを私が勝手に変えてしまったら申し訳ないと、そんなことばかり考えていたんです。でも松本さんとお話しするうちに、今生きている自分や家族がより幸せになることを考えようと思うようになりました。亡くなった夫も義父も、私が苦労する姿は望んでいないはずですよね。明るく楽しく、笑っている姿を望んでいるのではないかと思ったんです。そう考えるようになったら、心が軽くなりました」

紘子さんが相続した自宅は、150坪の角地に建つ大きな一軒家だった。先代がご存命だった頃に家族6人で暮らしたこともあったが、今は紘子さん一人。このまま暮らすには心もとないという気持ちを紘子さんから伺っていた。

私が他に気になっていたのは、このままだと何の収益も生まないという点だった。そこで、自宅を賃貸用マンションに建て替え、紘子さん自身もその一室に住むことを提案させていただいた。つまり、紘子さんがマンションのオーナーになり、家賃収入を得るというプランだ。

「そんな考えもあるのかと思って驚きました。一人で住み続けるにはセキュリティ面での不安もあったので、当初はこの土地を売却して、駅前に手頃なマンションでも買って暮らそうと考えていたんです。でも、子どもたちから『自分たちもここで生まれ育ったし、おじいちゃんからの土地だから売らないでほしい』と言われまして」

こうして、紘子さんは自宅の建て直しを決意した。

第二の人生と子どもたちの言葉

築40年以上の古い家は、おしゃれな外観の低層マンションに生まれ変わった。マンションは間取りもよく、人気物件になっている。もちろん、収益力も高い。紘子さんは現在、その一室で暮らしている。

自宅を解体するとき、紘子さんは1年かけて片付けに取り組んだ。業者には頼まず、先代が遺したものを一つひとつ手に取って確認しながら地道に作業を進めたという。処分した家具はタンスだけでも8棹あった。

「テーブルもソファも、思い入れのあるものだったのですが、新しい家には新しいものを持っていこうと思いました。ここで生まれ変わろうじゃないですけれど、第二の人生をスタートさせるような感覚でした」

紘子さんの決断を喜んだのは、離れて暮らす2人の子どもたちだ。「これなら自分たちも安心だ」と言ってくれたという。

ご先祖への感謝の気持ちは、形を変えても確かに次の世代へ引き継がれる。**古い形にとらわれず、その時々で最善な選択を行うことが重要なのである。**

【事業の整理】

コロナ禍のひとつの決断

紘子さんはご主人から引き継いだ店をたたむことにした。コロナ禍で休業や時短営業の規制がかかったことが、先のことを考える良い時間になったという。

一時は、70歳まで店を続けることも考えたが、続けるにしても改装をすれば費用がかかる。それを考えたら、お金をかけて続けることだけが正解ではない。予定より早い引退になるが、これからの人生を楽しむことにお金や時間を割こうと考えたそうだ。

このときの紘子さんの決断は、じつに潔く清々しいものだった。

「コロナ禍で世の中が変わっていくのを実感しながら、過去にこだわり続けることだけがいいわけではないと思ったんです。それまでは引き継いだ事業を続けなきゃと思っていましたから。でも、だんだんと考えが変わってきて、お店を辞めるときは人から言われたからではなく、売上が立たなくなったからでもなく、『自分の意思で決めたい』と思うようになったんです。そして、『今がそのときだ』と思いました。松本さんとお話しする中で、『決断するのは経営者である私自身なのだ』と気づかせていただいたのが大きかったと思います」

過去を変えることはできない。しかし、**より良い選択と決断、そして行動の積み重ねによって、確実に未来は変わる。**そのことを教えられるエピソードではないだろうか。

付き合う不動産会社を替える

時を同じくして、紘子さんは先代から付き合いがあった不動産会社との関係を見直した。個人経営の会社だったが、紘子さんが抱える課題に対応できる規模感として、法人の不動産会社のほうがふさわしいと考えたからだ。

加えて、紘子さんはそれまでビルの管理のことは不動産会社に、税金のことは税理士にといった具合でそれぞれ別個に相談していた。そうすると、状況を俯瞰的に見て判断することが難しくなる上、両者間の連携もスムーズに進めるのは難しい。

実際は、一つひとつの課題が断片的にあるのではなく、関わり合っていることが多い。そうしたときに、地主自らが取りまとめ役を担えればよいが、専門知識を持たない多くの地主にとって、それは現実的ではないだろう。

地主をより良い方向へ導く上で最も重要なのは、各分野の専門家たちがひとつ

のチームとなって最大の働きをすることだ。参謀が必要な理由はここにあると私は考える。地主にとって、各分野の専門家たちを束ねるリーダーとなる存在が必要であり、その上でチームとして一致団結し、さまざまな課題に挑むことが大切なのではないだろうか。

紘子さんは次のように語った。

「個々に会って話をするのは時間もエネルギーも取られて、ストレスを感じていました。何より、私には知識がなくてわからない。松本さんに、『チームで進めていったほうが効率的だし、頭を悩ませなくていいですよ』と言っていただき、納得しました。チームにお任せすればいいと考えるようになったら、プレッシャーやストレスがだいぶ減りましたね」

税理士もいろいろ

紘子さんは顧問税理士との関係にも決着をつけた。ここまで読んでくださった方なら、それが紘子さんにとってどれだけ勇気のいる決断であったか想像に難くないだろう。

付き合う税理士を変えた後に感じた変化について、紘子さんは次のように話す。

「前の先生も真面目で優秀な方だったと思うのですが、私にとっては自分の気持ちを正直に伝えにくいところがありました。30年以上のお付き合いがあるにもかかわらず、先生の前ではなんだか緊張してしまって……。松本さんにご紹介いただいた先生は、まったくそんなことがなくて、思っていることを素直に話せる方なんです。お店を辞めるときにご相談させていただいたときも、『僕個人的には、紘子さんご自身のこれからの楽しい人生を考えてもいいような気がしますよ』と、すごく親身になってくださいました。以前の先生にはそんな相談はできませんでしたから」

これはどんな仕事にも言えることだが、営利目的である以上、提供できるサービスには限界がある。いくら顧客のためとはいえ、利益を度外視したサービスを提供し続けることは不可能だ。

しかしその中で私が徹底しているのは、「自分だったらどうしてほしいか」を考えること。つまり、**相手の立場に立ってとことん考えることだ**。そして、**自分と相手、双方の利益を追求する「Ｗｉｎ－Ｗｉｎ」の関係を築くこと**を大切にしている。それらの点で、パートナーの横山氏も同じ考えとスタンスを持つ。だからこそ、共にパートナーシップを結ぶ関係でいられるのだと思っている。

どんな想いや理念を持って仕事をしているのか。同じ税理士業であっても、その差はあまりに大きい。そしてその違いは随所にあらわれるものだ。

顧問が横山氏の事務所に替わってから、紘子さんが面談後に受け取る資料は、簡単な報告書1枚になったという。

「最初は慣れなくて、『先生、これだけで大丈夫なのでしょうか？』と思わず聞いてしまいました。すると先生が、笑いながらこうおっしゃるんです。『だって、紙に書いたところで頭には入らないでしょう？　大事なところは僕たちのほうでしっかり記録しているので心配しなくても大丈夫ですよ。必要なときにはまたお渡ししますね』と。同じ税理士でもこんなにも違うものかと、本当に驚きました」

次なるステージへ

最終営業日を数日後に控えた紘子さんの店には、ところ狭しと贈られた花が並んだ。閉店の知らせを聞きつけた常連客が次々に押し寄せ、店内は連日賑わった。事情を知らない人は、開店の盛況だと思うに違いない。暗い雰囲気はみじんも感じられなかった。

先代が店を開き、亡き夫から紘子さんへ。40年以上続いた割烹料理店は、地域の人々に愛された。

突然の店じまいに驚きを隠せない常連客たちは、口々に「えっ、どうして？」と尋ねる。その一つひとつを丁寧に拾いながら紘子さんは軽やかにこう答えた。

「卒業します」

紘子さんにとって、それは終わりではなく次なるステージへの第一歩。このときの紘子さんの目線は、確かに未来へ向いていた。

【駅前ビルの売却】

問題の多かった駅前ビル

最後の難関として待ち受けていたのが、駅前の商業ビルだ。これまでも度々触れてきたが、紘子さんがご主人から受け継いだこのビルは、義理の叔父である毅さんと共同所有していた。

ビルの老朽化に伴い、それまで毎月というほど頻繁に何かしらの修繕をしていた状態だった。管理会社には清掃や消防の法定点検といった必要最低限の管理のみをお願いし、自分たちでできることは自ら行っていた。

ビルの管理はじつに多岐にわたる。電気の配線盤や貯水槽など、素人には難易度が高いものばかりだ。メンテナンスが大変な古いビルを抱えながら、２人は常に頭を悩ませていた。

紘子さんからご依頼を受けて、最初にこのビルの話を伺ったとき、私は数年単位の長期戦で取り組む必要性を感じた。以降、紘子さん、毅さん、不動産仲介会社の稲垣氏と一緒に、じっくりと戦略を練っていった。稲垣氏は、ビルや土地などの大型不動産に特化した売却の仲介を手がける、いわば〝売却のプロ〟だ。

結果から言うと、このビルは売却に成功し、両家とも理想的な状態に持っていくことができた。

このあたりの顛末は、『地主の真実』のエピソード3と4で取り上げている。合わせて読んでいただくと、より話の全貌がおわかりいただけるのではないかと思う。

3つのパターンから最善を選ぶ

最終的に両家が所有するビルは売却したが、本件の話し合いがスタートした段階では、維持や建て替えも含め、他の選択肢がないかあらゆる可能性を探った。

ひとつの方法にこだわるのではなく、あらゆる視点から複数の選択肢を用意する。**地主の今後の生活や後代の未来にとって最善の方法を追求することが、プロとしての基本姿勢であるとわれわれは考えている。**

机上にのぼったのは3パターンだ。今のビルを解体して建て替えるか、このまま修繕をしながら持ち続けるのか、あるいは売却するか。それぞれの場合で、どれくらいの費用がかかるかを具体的に算出し、検証した。

今回のケースでは、売却が最も現実的かつ合理的な選択だと思われた。建て替えるにも、隣接するビルとの関係で今以上に不利になるのは明らかだった。仮に維持するにしても、エレベーターの取り替えひとつに1000万円の費用が見込まれた。
何より、管理に手間のかかる古い不動産を託させる後代にとって、これほど迷惑な話はない。なんとか持ち続けたとしても、そこに明るい未来は感じられなかった。

「最初から『じゃあ売却しましょう』ではなくて、3つのパターンを出して『この場合だとこうなりますよ』と提案してくださいました。お話を聞いて具体的なイメージが持てましたし、最後に『これだと売却がいいのではないか』というお話になったときも、すごく納得感がありました」

じっくりと腰を据えて、話は着実に進んでいった。

ビルの健康診断書

売却のプロセスにおいても、やはり戦略が大事になる。

先代から受け継いできた大切な不動産は、売るには売る理由がある。**売ると決めた以上は、より高く売る可能性を追求することが重要だ。**どう売り抜けるかによってその後の展開が大きく変わってくるからだ。

そこでまず、ビルの状態を把握するための調査に取りかかった。耐震検査などさまざまな計測を行い、ビルの現状を明らかにする。言ってみれば「ビルの成績表」をつくるようなもの。**この調査を行うことによって、購入者にとっての不安がなくなり、価格が伸びる可能性がある。**

本件では百数十万円の調査費用がかかったが、この調査を行ったおかげで、予想より大幅に上振れした結果となった。もちろん、要因はタイミングの良さなどの好条件が重なったこともあるが、「いかに高く売るか」を考えたとき、この事前調査が重要なポイントになる。

通常、売主側は買主に対して都合の悪いことは隠したがる。しかし、買手の立場で考えると、買った後にかかるメンテナンス費用が気になるところ。古いビルならなおさらだろう。多くの場合、買手はこのような不安要素をいくつも抱えながら、開示されたわずかな情報を頼りに判断を下さなければならない。

そういった買主側の事情をふまえると、お金と時間、手間はかかるが、まずは買主の不安を払拭し、安心して買える状態にすることが先決だと考えている。そうすることで、買手は安心料込みの価格として高値をつけてくれるか、あるいは少々の高値がついたとしても納得して手をあげてくれる。その結果、売主にとっても有利な取引につながるというわけだ。

たとえば中古車を購入するときも、車検が済んでいない車より車検済みの車のほうが安心できるはずだ。少々値が張ったとしても、先々かかるかもしれないメンテナンス費用やいろいろなリスクを考えた上で、納得してお金を払うことだろう。

このように、購買者には「リスクを避けたい」という心理が強く働く。まずはそれに応えることが重要だ。ところが、**前述のビルの実態調査においては、一般的にはここまでしないのが不動産売却の現状である。**

形は変わっても引き継がれる「感謝」

困難なことが多かった共有不動産の売却は大成功をおさめた。

1階のテナントにコンビニが入ってくれたおかげで商業ビルとしての物件価値が上がったことや、不動産市場が伸びてきたタイミングの良さもあった。

その後、紘子さんはビルの売却益を元手に都内に収益性の高い居住用マンションを複数棟購入した。

不動産は「売って終わり」ではない。新たな収益不動産を購入し「資産の組み替え」を行うことが重要になる。資産をトータルな視点で見ながらより良い形で次の世代に継承していくことが大切なのだ。

紘子さんは次のように振り返った。

「はじめは、私の代でこのビルを売ってはいけないと思っていました。でも、叔父と一緒に『これを子どもたちに残していいのか』と考えるうちに、答えはひとつしかないと一致したんです。やはり子どもたちのこれからのことを考えたら、綺麗にするときは綺麗にして、余計なストレスがかからない状態で渡してあげたいなと思いました」

地主は自分のことだけを考えるなら、どんなに問題があろうと現状のままでもいいのかもしれない。たとえ税金やコストがどれだけかかろうと、なんとか自分の代をやり過ごせたらそれでいい。

しかし、子どもたちやその次の世代が困ることを考えたとき、「このままではいけない」と問題意識を持つ。地主たちはそこではじめて現状を変えるための一歩を踏み出す。そういった決断を、私はこれまで数多く見てきた。そのどれを取っても例外なく、**資産の形は変わってもご先祖への感謝の気持ちは、後代へ確実に引き継がれている。**

【この5年間を振り返って思うこと】

決断のステップを踏んで自信がついた

人はある日突然、別人のように変わることはない。だが、**小さな変化を積み重ねた結果、それはのちに大きな変化となってあらわれる。**

紘子さんの場合、最初の自宅を建て替える決断が大きな自信となり、次の決断のステップにつながっていったという。それまでは過去にとらわれていた紘子さんだったが、今では自分の人生を楽しんでいる。周囲からも「明るくなった」と言われるそうだ。

紘子さん自身も、自身の変化について次のように語った。

「はじめに松本さんから『**5年先のイメージを持って、ひとつずつ順番にやっていきましょう。一度にすべては解決できないから、一つひとつやっていけばいいですよ**』と言っていただいて、すごく気持ちが楽になったのを覚えています。松本さんは常に伴走しながら、未来を見据えた長期的な視点で話してくださいました。そして、何から手をつけたらいいのか、優先順位をわかりやすく伝えてくださいました。その導きのおかげでここまで来ることができたと思っています」

今の紘子さんの姿や星野家の様子を見て、亡くなったご主人やご先祖様は喜んでくれているのではないかと思う。

最大の仕事は、信頼できるパートナーを見つけること

紘子さんが参謀に出会ってから5年の月日が流れた。ある朝、自宅の建て替え後に新調したダイニングテーブルで、紘子さんは静かに一冊のノートを開いた。

それは、ご主人が生前に紘子さんと息子さんに宛てて書き遺したもので、ご自身が経営者として大切にしてきた教えが綴られたものだった。

「ノートに、『**経営者の最大の仕事は、信頼できるパートナーを見つけることである**』と書かれてあったんですよ。まさに、主人の言う通りだ！　って思ったんです。松本さんをはじめ、パートナーの方々のご尽力があって良き方向に導いていただきましたから」

この5年間は、誰よりも紘子さん自身が「信頼できるパートナー」の大切さを教えられた期間だったという。ノートには、「信頼できるパートナーを得る理由は、**最大の利益と最小のリスクのため**である」という言葉が続いた。

「まるで治郎さんがすべてを予見していたかのようだ」と紘子さんは話す。

いつも見守ってくれているご主人の存在を心強く思ったに違いない。紘子さんにとってはこのノートが5年間の答え合わせにもなった。

「やっぱり私の決断は間違ってなかったんだなと思えました。主人はご縁を大切にする人だったんですよ。私も松本さんとのご縁に心から感謝しています」

誰と共に歩むかで、未来は変わる。今の紘子さんなら、それを自分の言葉として多くの地主に励ましのメッセージを送ることができるだろう。

「幸せな地主」と「そうではない地主」の違い

これまで多くの地主とお会いする中で私が感じているのは、地主には「幸せな地主」と「そうではない地主」の2通りあるということだ。「うまくいっている地主」か否かとも言い換えることができるだろう。

「幸せ」あるいは「うまくいっている」地主に共通するのは、過去の悪い状態か

ら抜け出しているという点だ。それは、賃貸経営が順調であるといった経済的な側面だけではなく、「呪縛」から解き放たれているという精神的な側面も大きい。

過去の紘子さんもそうであったが、先代から受け継いだ資産を「守らなければ」という思いにとらわれるあまり、「こうでなければならない」と従来の方法にしがみついてしまう。その結果、地主は本来、資産の〝管理者〟であるはずが、資産に支配され心の自由を失ってしまうのだ。

それでは、たとえ経済的にうまくいっていたとしても、幸せな状態とはいえないだろう。

経済の自由と心の自由、この2つが両立してはじめて真の幸福感が得られるのだと私は考える。どちらか一方だけでは不十分で、両方のバランスが取れていることが大切なのだ。

そのためにも、地主には明るい未来を共に描きながらゴールへと導いてくれる助言者が必要になるだろう。**信頼できるパートナーと共に歩むことが「幸せな地主」になるための近道であり、地主ができる最も賢明な選択ではないだろうか。**

第 2 章

大川家
——付き合うパートナーを替えて見えてきたプロの真価と実力の差

【後継ぎが必要な状況に】

資産の維持に徹する

依頼者の大川美代子さん（70代後半・女性）は現在、東京のベッドタウンとして知られる都市で、三女の理沙さん（40代）とその夫・健太さん（40代）、理沙さん夫婦の子ども2人（長男は中学生、次男は小学生）の5人で穏やかに暮らしている。

美代子さんが大川家に嫁いで50年。その間に街の景色はずいぶんと変化した。街は現在、大規模商業施設が充実し賑わいを見せる一方で、豊かな自然も存在している。交通の便がよく都心へのアクセスも便利なため、駅から少し離れると多くの住宅が建ち並ぶ。商業、住宅、自然がバランスよく調和した街として、今では都内の人気エリアのひとつとして数えられている。

美代子さんのご主人は、20年以上前に亡くなった。ご主人が先代から引き継いだ資産は、そのまま美代子さんに渡った。

美代子さんが相続したのは、自宅と複数の収益物件、4階建ての商業ビルの他、更地が数カ所。その更地のうち、自宅から徒歩15分ほどの場所にある土地に美代子さんは駐車場をつくり、ほそぼそと運営していた。「駐車場にしておけば万一のときにも売却できるだろう」と自分なりに考えて備えていたのだという。

「基本的には、主人が言い遺した言葉に従いながら、引き継いだものをひたすら維持するという感じでやってきましたね」（美代子さん）

美代子さんはそう振り返る。

入院中に感じた不安

美代子さんには娘さんが3人いた。だが、それぞれ縁のある人と結婚し、みな大川家を出てしまっていた。

話は少しさかのぼるが、2018年に三女である理沙さん夫婦が大川家に入るまでは、美代子さんは広い敷地に建つ一軒家に、一人で暮らしていたのだった。

「3人の娘たちはみな嫁いだ先でマイホームを構えていました。みんな子どもに恵まれて、それぞれの生活を送っていましたね」（美代子さん）

ところがある日、事態は急変する。

美代子さんに病気が見つかり、45日間の入院を余儀なくされたのだ。

「入院中に建物の不具合があったのですが、管理会社とのやりとりが難しくて。

そのときに痛感したんです。やっぱり家に誰かいてほしい、家のことを一緒に進めてくれる人を決めておかないと、今後も困ることがいっぱいあるだろうな、と」（美代子さん）

この入院をきっかけに、美代子さんは一緒に暮らしてくれるよう、３組の娘夫婦に打診しようと考えはじめた。

三女家族と同居

そこで名乗りをあげたのが、三女の理沙さん夫婦だった。当時、理沙さんご家族は大川家の自宅近くの戸建てに住んでいた。

のちに詳述するが、美代子さんは資産の整理がひと段落した後、自宅の建て替えを行った。だが、理沙さん家族との同居が始まったこの時点ではまだ古い家のままだった。

「当時は2世帯住宅のような間取りではなく、理沙の家族が心地よく住める家ではありませんでした。それでも『なんでもいいよ』と言って、来てくれましてね。2人の子どもたちも一緒に家族4人で身を寄せてくれて、本当にありがたかったですね」（美代子さん）

三女の理沙さんとご主人の健太さんは、次のように語る。

「姉たちも前々から、『誰かに家を継いでほしい』という母の気持ちに気づいていたと思います。私も過去に、大川家を継ぐことについて夫と話し合ったことが何度かありました。でも私を含め、自分から手をあげる人は誰もいなくて。本当に、母の病気がきっかけとなったんです」（三女・理沙さん）

「妻の『お母さんの気持ちと大川家の資産を大事にしていきたい』という想いを

聞いて、それなら私たち夫婦がお義母さんのサポートをしようかと、すんなり話がまとまりました。私は婿養子に入って姓が変わることになりましたが、それについてはとくにこだわりはありませんでしたね」（婿・健太さん）

美代子さんが養子縁組をしたのは、私と出会う1年前、2018年のことだ。病気になったことは一見すると悪い出来事のように思えるが、「結果的にはよかった」と美代子さんは当時を振り返る。

人は何か不安がないと、人の力を借りようとしないものだ。

多くの地主はもっと人を頼ってもいいのではないかと私は感じているが、それは、地主自身が現状に対して不安を覚えていないからなのかもしれない。そもそも、**自分の問題に気付いておらず、課題意識すら持っていないからではないかと思う。**

【良縁と最初の決断】

タウン誌からつながった縁

理沙さん家族との同居から時を移さず、1冊のタウン誌をきっかけに、大川家の物語はさらに大きく展開する。

ある日、自宅に届いたタウン誌を眺めていた理沙さんは、あるセミナーの情報を見つけた。そのセミナーに題された「相続税」という言葉に惹かれた理沙さんは、美代子さんを誘って2人で一緒に参加することに決めた。

それは住宅メーカーHが主催するセミナーで、市内のホテルで開催されるものだった。

「そのときは、まだわが家の資産状況をまったく把握できていない状態だったので、うちの相続税がどのくらいかかるのかが気になっていました。それもあって、『ここに行ってみない？』と母に持ちかけてみたんです」（三女・理沙さん）

2人がセミナーに参加した直後に住宅メーカーHの担当者が大川家を訪問し、同社の支店で開催される別のセミナーに招いてくれたという。そこに講師として登壇したのが、私と深代税理士法人の副所長である横山氏だった。

「そういったセミナーに参加したのははじめてでした。あのとき理沙と一緒に一歩踏み出したことで、こうして松本さんやパートナーの方々とのお付き合いが始まったわけですから、不思議なご縁だと思います。あのタウン誌は、今はポストに入ってこないんですよ。本当に不思議ですよね」（美代子さん）

「減って当たり前」ではなかった

それまでの美代子さんは、「資産は相続するたびになくなるのが当たり前」と思っていたという。この話を伺ったとき、それが美代子さんの実体験に基づいた言葉なのだろうと私は思った。

というのも、**「相続が3代続くと財産はなくなる」**という通説が示す通り、それが、世界でもトップクラスの高税率が課せられる日本の相続の現状だからだ。

2024年現在、相続に対する最高税率は、6億円を超えた部分に対して最大55%。地主は相続が生じるたびに、土地を売るなどの工面をして高額な税金を納付しなければならない。また、故人の資産は法定相続人の間で分割されるという事情も相まって、地主の資産はどんどん目減りしていく。

これでは積極的な資産運用を行わない限り、減っていくのは当然である。**しかし、多くの場合、地主はただ「守り」の姿勢を貫き何の対策も講じない。**

「セミナーでいろいろな話を伺って、**やり方次第では資産を守りながら増やすことができる**のだと知りました。そういう話を聞いたからには、やっぱり行動に移すための決断が必要だねと、三女夫婦と話し合いました。それで、資産を整理しようと松本さんにお願いすることに決めたんです」（美代子さん）

【過去のパートナーのおかしな対応】

900万円の還付金

美代子さんは顧問税理士を替えた。それまでは、ご主人の親の代から付き合いのある税理士に依頼していたが、私のパートナーでもある深代税理士法人の横山氏に交代した。

「長い付き合いのある税理士さんだったので、『わが家のことは何でもわかってくれているから安心ね』と家族で話していました。とくに疑問を持つこともなく、こんなものかなくらいに思っていたんです」（美代子さん）

横山氏がまず着手したのは、建物を法人に売却し、建物所有者を法人に変えることである。じつは大川家は40年以上前に法人を設立していたが、ほとんど機能していない状態だった。前任の税理士からは、そういった法人の活用に関するアドバイスは一切なかったという。

そこで、美代子さんの個人名義になっていたビルや賃貸物件などの不動産を法人名義に変更。その結果、消費税の還付金９００万円を受けることができた。

「税理士さんもいろいろなのだと気づかされましたね。松本さんに深代会計さんをご紹介いただかなかったら、こんな還付は受けられませんでした。税理士さんによって対応がこんなにも違うなんて、本当にびっくりです」（美代子さん）

いきなり大きな不動産を動かすことは、不動産売買に不慣れな地主にとって心理的抵抗を感じやすい。大川家にとってこの1件は、初動として取りかかりやすかったのではないかと思う。これだけの節税効果を最初に体感できたことは、その後の決断につながる大きなインパクトにもなったことだろう。

過去脳と未来脳

美代子さんが前任の税理士に依頼していた業務は、確定申告時の書類作成が中心だった。形式上ではあるが、毎年、法人の確定申告を行っており、その業務を依頼していたのだった。税理士のほうからは改善のためのアドバイスや提案は一切なく、実質的なお金の出入りについては、娘さんに手伝ってもらいながら美代子さん自ら手を動かしていた。

美代子さんは、税理士が替わった後の変化について次のように話す。

「パソコンがうまいことできないので、毎年、手書きで申告書をまとめていました。自分でやらなくてもよかったのかもしれませんが、亡くなった主人もそうやってきましたし、お金の出入りをちゃんと把握しておきたかったのもあります

ね。でも、横山さんにご依頼してからは、自分でまとめなくても『お願いします』と、安心して任せられるんです」（美代子さん）

地主が資産を守り、それをより良い形で次の世代に継承していくためには、**ゴールに向けてどのように行動すべきか、未来のビジョンを実現するための道筋を描く力が必要になる。**

専門知識を持たない地主にとっては、「プロの力を借りる」ことが必要になるわけだが、そのときに地主が頼りがちなのが、税理士や弁護士などの士業に就く人たちだ。

大川家の場合もそうであったように、とりわけ先代から長い付き合いのある専門家となると、それだけで地主は全幅の信頼を置いてしまいやすい。

だが、士業に従事する彼らは地主の資産を守るための相談役として必ずしも適任であるとは限らない、というのが私の見解だ。

ここからは、「脳の使い方による違い」に着目しながらその理由について述べていきたいと思う。

税理士や弁護士は、頭の中に蓄積された膨大な知識と過去の事実をもとに現在の最適解を導き出す、いわば「既存のルール」に精通したプロフェッショナルだ。たとえば税理士の場合、顧客に提供するソリューションは、税制や簿記といった決められた一定のルールに基づく判断となる。

このような士業の方々に共通して見られる特徴を、私はその特有の脳の使い方から「**過去脳**」と呼んでいる。過去脳を持つ人は、偏差値が高く、高学歴な人材が多いように感じている。

一方で、起業家や建築家、営業パーソン、料理人、コンサルタントなどは、創造性と発想力が求められる仕事に従事する人たちだ。明確な答えが定まっていない中で、彼らは常に工夫を凝らしながら仕事をつくっていく。

ときにはゼロから新たなものを生み出すこともあり、既存の形にとらわれない自由な発想が必要となる。私はこれを、「過去脳」に相反するものとして「**未来脳**」と呼ぶ。

言ってみれば、過去脳である専門家はスペシャリストであり、未来脳のコンサルタントはゼネラリスト。「地主の資産を守る」という同じミッションを掲げていても、その違いから担う役割も違ってくる、と私は考えている。

誤解していただきたくないのは、これは優劣の話ではないということだ。脳の使い方からくる役割の違いであることを再度強調した上で、それぞれの得意分野でプロの力を発揮してもらうことが大切であることをお伝えしたい。

これまで見てきた過去脳と未来脳の違いをふまえると、**地主の総合的な資産の相談は、未来脳の持ち主にするのもより良い選択肢のひとつとなるだろう**。繰り返しになるが、地主が資産を守るためには「未来を描く力」が求められるからだ。

先述の通り、現状維持に徹するだけでは地主の資産はだんだん目減りしていく。資産を減らさないためには、クリエイティブな視点を持って、従来の方法とは異なる選択肢を示し導いてくれる存在が不可欠になるであろう。

大切なのは、地主の未来をつくる発想力と創造性なのである。

預金を勧める税理士

美代子さんは前任の税理士との違いに驚くことが多かった。それまでは比較する対象がなかったが、新たな基準ができたことで過去の税理士のおかしなところに気づくことが増えたという。

たとえば、美代子さんが所有する土地の一部が、新しい道路をつくるため自治体に収用されたことがあった。そのときに得た補償金の使い道について当時の税理士に相談したところ、返ってきた回答は、「次の相続に備えてそのまま預金しておくとよい」だった。

確かに、相続税は現金で一括納付が原則だ。一見すると、その税理士の助言は筋が通っているようにも思える。だが見逃せないのは、まとまった現金をそのまま銀行口座に寝かせておくということは、それに対して相続税もかかるという点である。

しかも、現金の相続税評価額は、土地や建物などの不動産と比べて最も高い。つまり、将来の相続に備えておきながら、最も納税額が高くなる選択をしていたということになる。

賢い資産運用を行い、地主にとっての最善を追求するのであれば、この選択には甚だ疑問が残る。

美代子さんは、別件でまとまった補償金を受け取ったことがあった。そのときも、税理士のアドバイス通り預金しておいたという。

「どうしたらいいのだろうと考えて、自分でも動いてみました。銀行の窓口でドル建ての投資商品を勧められたこともありましたが、自分には手を出せないお話だなと思い、結局は預金してしまいましたね。今だったら、そのまま現金にして

おくのはもったいないとわかるのですが……」（美代子さん）

求められる「問題解決のコーディネーター」

先の美代子さんのケースで言うならば、まとまった資金の活用方法として、現金よりも評価額が下がる土地に替えるなど、より良い選択肢は他にもあったはずである。

ところが、そのような地主の事情を多角的に見てサポートができる専門家は、じつのところ少ない。税理士をはじめとする士業従事者は、頼りになる部分もあるが、地主のより良い未来を考えた総合的なアドバイスができるとは限らないのだ。

地主が資産を守っていくためのキーワードのひとつが、本書のタイトルにもなっている「経営」だ。言葉の成り立ちにはさまざまないわれがあるが、ある説によると、経営という言葉は「経理」と「営業」のそれぞれの頭文字に由来するという。

この2つの言葉の意味を見ていくと、前者はお金に関する事務処理を指し、後者はお金を増やすための行為をあらわす。つまり、「経営」には「**増やしたお金をいかに扱い、良いお金の流れを生み出していくか**」という本来的な意味が込められているというわけだ。私自身もいち経営者として、その通りだと実感している。

ところが、地主の資産運用においては、「営業＝お金を増やす」ことよりも、相続対策などの節税面ばかりに目が向けられているように思えてならない。もちろんそれも大切なことではあるが、そういった節税対策は、利益を得た結果として行われるお金の処理であって、まずは根幹となる事業を成り立たせ成長させるべく、利益を上げることに意識を向けるべきではないだろうか。**経営の本質は、この、「営業＝お金を増やす」にあると私は考えている。**

地主の資産はただ「守る」だけでは目減りしてしまい、資産の組み替えを積極的に行う「攻め」の姿勢がなければ、守る基盤さえなくなってしまう。そのような地主を取り巻く事情をふまえると、地主にとって「経営」という視点を持つことが重要である理由に合点がいくのではないだろうか。

今日《こんにち》では経営という言葉はおもに企業活動で使われる言葉になっているが、もともとは仏教用語だという説がある。少し話はそれるが、仏教における「経営」には、「自分自身をどう活かし、自分の人生をどう営んでいくか」という意味があり、汗を流しながら働きコツコツと日々を生きる姿そのものを指すという。

これらの意味から私は、地主にとっての「経営」とは、小手先のテクニックではなく、地主として日々どのように生きるか、誰と共に歩むのか、地主としての生き方そのものであると捉えている。

話をもとに戻そう。ここでは、企業活動において用いられる「経営」、すなわち「お金を増やし、得たお金をまわしていく」という意味で話を進めていきたい。

多くの地主が頼りにする税理士は、経営感覚に乏しいことが少なくない。何にお金を使うべきか、あるいは何に使うべきではないのか。また、どのようにお金を増やしていくのか――地主の期待に反して、彼らは適切な判断もアドバイスもできないことが多いのだ。

その理由は、税理士はあくまで税に関するスペシャリストであって、経営のアドバイスをするのが主たる業務ではないからであろう。

先に述べた「過去脳と未来脳」の話に通ずるが、これには脳の使い方による違いも大いに関係していると私は考えている。

このような違いを見ていくと、**各プロたちの特性をよく理解した上で、それぞれが得意とする仕事を担い合うチームをつくる**ことが、地主のみなさんにとっていかに大切であるかがおわかりいただけるのではないだろうか。

また、こうした適材適所を考えるとき、人に関してだけではなく、使う「道具」についてもまったく同じことが言えるだろう。

たとえば保険にしても借入にしても、正しい使い方をすればどれも地主の資産を守るための便利なツールだ。保険は万一のリスクに備えられる画期的なしくみであるし、借入というしくみは地主の賃貸経営を支えるひとつの手段である。

個々の道具は、ちょうどスプーンやフォーク、ナイフのように、使い方も違えば、できることもそれぞれ異なる。スプーンにはスプーンにしかできないことがあり、フォークだからできることがある。ナイフも然りだ。

大切なのは、その一つひとつの道具の特徴を知った上で、いかに活用しどう使い分けるかだ。そして、その道具の使い方を教えてもらうために、誰に聞けばよいのかを判断し、各専門家の力を適切に借りることができるかどうかも併せて重要になる。

一人の専門家が法律や税制、不動産などあらゆる分野に精通し、総合的な知見を持って地主をサポートすることは難しい。であれば、**どの問題をどのプロ**

フェッショナルに相談すればいいのかを総合的に判断してくれる「問題解決のコーディネーター」に任せるのが賢明ではないだろうか。そういう人をパートナーに選べば、より良い選択ができるのではないかと思う。

粗雑な不動産会社

美代子さんは不動産を複数持っていたため、不動産管理会社2社と古くから付き合いがあった。そのうちM社は、地域に根付いた管理会社で現在も問題なく付き合いが続いている。他方のY社は以前から対応がいい加減であったという。

たとえば、過去にこんなことがあった。Y社に管理を任せていたビルに、パン屋がテナントとして入居した。ところが、ある日を境に保証金の入金がストップするという事態に。毎月の賃料は入ってくるものの、保証金がいっこうに振り込まれない……。美代子さんはしばらく頭を抱えた。

のちにわかったのは、美代子さんに渡るはずの保証金がY社内の別の目的に使われていたということだった。

垣間見えたY社のずさんな経営体制。その後も美代子さんはY社との間でさまざまなトラブルに巻き込まれ、対応に追われた。しかし、他に頼る術もなく、Y社との付き合いを続けるしかなかったという。

ほどなくして、管理会社Yは倒産した。

残念な結末だが、倒産はなるべくしてなったと言えるだろう。

「同じ船に乗る」相手を間違えてはならない。

資産の整理

駐車場を賃貸マンションへ

大川家のファーストステップとして、税理士を替えたのは前述の通りだ。次のステップとして、自宅から徒歩15分ほどの場所にあった駐車場に、賃貸マンションを建てた。

その場所は自宅よりも駅近で、スーパーが近くにあるなど立地条件もよかった。私の見立てでは、そのまま駐車場にしておくよりも、より高い収益が見込める賃貸マンションに替えたほうが良いと考えた。他にも、駐車場から建物に形を変えることで相続税の評価額が下がり、納める税金が抑えられるというメリットもあった。

そこで、そのような提案を大川家にさせていただいたのだった。

その後、話し合いが進む中で新たな選択肢が浮上した。駐車場がある土地に自宅を新築し、自宅があった場所にマンションを建てるというプランだ。

自宅の土地のほうが広いため、より戸数の多いマンションを建てることができる。収益性を考えるならば、この選択のほうが合理的ではあった。

「松本さんにいろいろなアイデアを出していただいて、なるほど、そんな選択肢があるのかと驚きました。確かに、自宅のほうは住むには中途半端に広かったので、ここに賃貸物件を建てるのもいいなと思いました。それが一番効率的ですしね。ただ、長年住んできたので、やっぱり住むのは同じ場所がいいなと、後からこだわりが出てきてしまいましたね」（美代子さん）

最終的に、自宅の場所はそのままで、駐車場になっていた土地に新たにマンションを建てる方向で話は落ち着いた。

私は、「もし自分だったら」という視点でクライアントに提案させていただくが、**決めるのはあくまで地主自身だ。私は参謀として何かを強制することはない。**いくら合理的と思えても、ときには感情が優先されることもある。その方にとっては、思い入れも大切な優先事項のひとつであるからだ。

ただし、**顧客が納得する答えにたどり着くためには、さまざまな選択肢を持つことが大事であると思っている。**それで、あらゆる可能性を追求しながら大川家のみなさんと共に話し合いを進めていったのだった。

「押しつけられるのではなく、こちらの意見も尊重してくださっているのが松本さんの対応から感じられました。私たちの要望をしっかりくみ取りながら、その都度柔軟に対処していただきました」（婿・健太さん）

元駐車場に建った賃貸マンションは、一時的に空室になってもすぐに埋まり、今では大川家の有力な収益物件のひとつとなっている。

大川ビルの売却

先の賃貸マンションを建設中に、所有していたビルの売却に着手した。このビルは、美代子さんが亡くなったご主人から引き継いだ4階建ての商業ビルで、昭和57年に建てられたものだった。

さっそく実態調査を進めたところ、築40年のビルは老朽化が進み、持ち続けるためには改修工事が必要な状態だった。修繕するとなれば、1度につき1000万円近くの費用がかかる。美代子さんの負担を考えると、いっそのこと手放したほうが良いと判断した。

個人が所有するにはハードルが高い築古ビルでも、それを再生できるプロが世の中にはたくさんいる。そういう方に扱ってもらうほうがビルにとっても幸せな選択だろう。

「主人が借金して建てましたが、ローンは完済していたので即売却が可能な状態でした。ただ、『古いものを売却して新たなものを新天地に求める』という考えはまったくなかったので、今までで一番勇気のいる決断でしたね。素人にとって、売った後に何かトラブルがあったらと考えると、売却はハードルが高いと思います。でも、プロの方々のおかげで何の心配もありませんでした」（美代子さん）

ビルの売却において、売り手の立場に立って売却を進めてくれるプロがいるかどうかが成功のカギとなる。買い手の事情も考慮しつつ、地主が不利にならないようにいかに話をまとめるかが肝心なのだ。

第1章の星野家に続き、この大川ビルの売却を手がけたのも〝売却のプロ〟稲垣氏だ。**誰が仲介に入るかでまったく結果は異なる。**

「新天地」に構えた賃貸マンション

大川ビルの売却と並行して、美代子さんはその他の資産の整理を進めていった。理沙さんご家族が大川家に入る前に住んでいた戸建て物件を売却し、更地のまま所有していた複数の土地も合わせて売りに出した。活用法を見出せず放置している土地を売却することで現金化し、新たな物件の購入資金を得ることが狙いだ。

そこで得た資金とビルの売却による資金、美代子さんが預金しておいた分とを合わせて、都内2カ所に合わせて3棟の賃貸マンションを買い足した。

どちらも人が集まるエリアの物件であり、土地の価値が急激に下がることは考えにくい。その意味でもより良い資産に組み替えることができたと言えるだろう。

地主が所有する土地は、どうしても地元に集中しやすくなる。

大川家の場合も、自分たちが住むエリアに一極集中していた。先祖代々所有する土地を引き継いだまま動かさない。あるいは、買い足すにしても土地勘がある場所のほうが管理しやすく安心という心理が働き、近くの土地を求めるというのが主な理由だろう。

ここで注意しておきたいのは、**同じ地域に集中して不動産を持つことは、地主にとって一番のリスクになるということだ。**

その土地に自然災害などの不測の事態が起こったとき、所有する不動産の価値が同時に下がってしまうことがある。そうしたリスクに備えるために、**複数の不動産を持つ場合はエリアを変えることが重要なリスクヘッジとなる。**

保険を最適化

保険について言えば、過去に加入した保険の保障内容が現状と合わなくなっているケースが散見される。

美代子さんの場合も、建物の保障をメインとする保障内容が今の状態に見合っていなかった。加入時期が古く、昔の制度に基づいた契約だったことに加えて、積立型の商品とあって、美代子さんにとっては月々の高額な保険料の支払いも気がかりだった。

「古い契約を解約して、松本さんにご紹介いただいた保険に入り直しました。毎月の保険料が下がったおかげで、それまでの負担感もなくなりましたね。解約返戻金が2000万円以上あったので、その一部を新たな物件を買うときの頭金にできたんです。そういった保険のアドバイスまでいただいて、本当にありがたかったです」（美代子さん）

決断を重ねて築いた未来

明るいわが家に

資産の整理が落ち着いた頃、美代子さんは最後に自宅の建て替えに取りかかった。途中、自宅近くの駐車場があった土地に住まいを移すことも検討したが、慣れ親しんだ場所への思い入れを大切にした。

所有する収益物件はどれも、順調な資金繰りで安定した状態。家づくりの打ち合わせもしやすい状況だった。

「気持ちにも余裕ができたタイミングでしたね。じゃあそろそろマイホームを考えてもいいかねと、三女夫婦と話しました」（美代子さん）

理沙さん夫婦が大川家に入ってくれたことで、美代子さんは心強い支えを得た。その後は、理沙さんとその夫の健太さんのサポートを受けながら、美代子さんは数々の決断を重ねてきた。

中には難しい判断もあったが、その都度3人で協力して乗り越えてきたのだった。

美代子さんは次のように振り返る。

「娘たちとの間で跡取りをめぐるいざこざが起こり、跡取りについて不安を感じていた時期もあったんです。でも最後は、こうして健太さんがお婿さんに来てくれて……。それが一番うれしいことですね。本当に感謝しています」（美代子さん）

美代子さんの病気は完治し、今ではいつお会いしても元気な姿を見せてくれる。

過去に抱いていたさまざまな不安が嘘のように払拭され、周囲からも「見違えるほど明るくなった」と言われるそうだ。

新居が完成したのは、2024年5月。大きな敷地を囲う塀は新しくなったが、立派な門構えはそのまま残った。手入れの行き届いた庭で2人の孫がキャッチボールをしている様子を、美代子さんはリビングから微笑ましく眺める。成長と共にすっかり忙しくなったお孫さんたちと予定をすり合わせ、近頃は家族旅行を楽しんでいるそうだ。

「こないだはみんなで沖縄旅行に行ってきたんです。孫たちの背中を追いながら、みんなの最後尾を一生懸命歩くんですよ」（美代子さん）

はつらつと話す美代子さんの笑い声が、今日も大川家の開放感あふれるリビングに響きわたる。

ボタンの掛け違い

地主の状況はそれぞれ違っているが、私が感じているのは、地主はガードが堅いが無防備でもあるということだ。

身内や近隣の地主の間で、騙されて資産を失ったり、不動産売買で大きな損失を被ったりといったネガティブな情報を見聞きすれば、防衛反応として守りを堅くするのは当然だろう。

だが同時に、以前から付き合いのある税理士や不動産会社に対しては、「わが家のことを考えてくれている」と思い込み、安心しきってしまう無防備な一面もある。しかし、ひとたび何か問題が起こると、それらの専門家が自分をサポートしてくれるだろうという期待は、外れることが多いのである。

美代子さんがそれまで頼りにしてきた税理士は、毎年の確定申告を行うだけで、大川家の未来を考えたアドバイスがあったわけではなかった。

いわば、決まった業務を機械的にこなすだけの状態であり、美代子さんが補償金の使い道を尋ねたときの回答も決して有益なものではなかった。

「それまでは、よかれと思って身近だった税理士さんにお願いしてきましたが、税理士も人によっていろいろだと気づかされ、驚きました。資産が少しずつ減ってしまうのは、付き合うパートナーの影響というよりも『地主ならみんなが通る道だ』と思っていましたから。でも、本当は違う道もあるんですよね。税理士さんを替えるのも大きな一歩になると思います」（美代子さん）

自戒を込めて言うと、美代子さんの前任の税理士の対応は、同じプロとして残念に思えてならない。だが、こうも思う。**「税理士がいるから大丈夫」と思っていること自体が、そもそもボタンを掛け違えている**のではないかと。

本書をお読みのみなさんにはぜひ、今付き合いのある専門家が心から信頼できるパートナーかどうか、あらためて考えてみていただきたいと思う。

実行しなければ聞いていないのと同じ

私は参謀として、クライアントにさまざまな提案をさせていただく。だが、いつ何時も決断するのは地主自身であり、私はそのサポート役に過ぎない。

美代子さんはこれまで数々の決断を重ね、行動に移してきた。その結果として、今の豊かな暮らしがあるのだと思う。

「**いくらいい話を聞いても、決断して実行しなければ聞いていないのと同じ**ですものね。松本さんをはじめ、パートナーの方々を信頼していたので、新しい物件を購入するときも何の心配もなかったんです。信頼できるプロにお願いするのが一番いい方法なのだと思い知りました」（美代子さん）

美代子さんの口からたびたび発せられる「決断」という言葉には、今や力強さがこもっている。

現在は、資産の整理がひと段落ついて落ち着いた状態だ。前々から書きたいと思っていた遺言書も用意できた。今後何かあっても、「周りに信頼できるプロがいてくれるから気持ちが楽だ」と美代子さんは言う。

潤沢な資産に恵まれていても、心労が多く、心が休まらない地主は多い。美代子さんを見ていると、「これが幸せな地主の姿である」と、いつも教えられるような気がしている。

美代子さんはこう続ける。

「松本さんご自身が地主の家に育ち、いろいろな苦労をされてきたのが相談しやすさにつながっているのではないかと思います。松本さんは、地主の立場をよく理解し、いつも目線を合わせて話してくださるので、こちらとしては気持ちを共有できるうれしさがありました」（美代子さん）

相談者からそんな言葉をいただけるとは、幸甚の極みである。

成長のステージによって付き合う人を変える

地主がより良い方向に向かい、幸せな未来を築くためには、今付き合っているパートナーを見直すのもひとつの方策だと私は考えている。

スポーツを例に考えてみると話がわかりやすいだろう。

たとえば、プロのテニスプレイヤーは、ジュニア時代とプロになった後では、指導を受けるコーチが変わる。テニスをする目的も違えば、プレイヤーとしてのレベルもまったく異なるため、適切な指導内容が変わってきたり、それに応じて適任者も変わってきたりするからだ。

スポーツの世界では、それぞれの成長段階に合わせて指導者が変わるのは当たり前であり、ごく自然なことだ。

会社経営においても同じで、経営者自身の成長や会社の規模などによって世話になる専門家やメンターは異なる。より大きな成長と発展を求めるならば、自分が今いるステージや会社の成長段階に合わせて、積極的に付き合う人を変える必要があるのだ。

これは私自身が経営の学びと実践を通して教えられてきたことでもあり、経営者が持つ当たり前の感覚でもある。

しかしながら、地主の間ではそのような考え方は一般的ではない。

古くからの付き合いを重視し、「わが家のことを何でも知っているから大丈夫だろう」と安心しきってしまう。この背景には、長年にわたって変化の少ない生活を送ってきたがゆえに、人の力を借りることやチームプレーに慣れていないという地主ならではの事情があると思う。

今までの考え方や思考パターンを変えることは簡単ではないことを、私もよく理解しているつもりだ。

だが、本書をここまで読み進めてくださったみなさんには、「**誰と共に歩むか**」**によって資産を守るための選択肢は増えていく**ことを知っていただきたい。本書がそのきっかけとなれば、著者としてうれしく思う。

いきなり付き合う専門家を替える決断をすることは難しくとも、**まずはその認識を変えることが未来に向けた第一歩になるだろう。**

第 3 章

中島家
――見よう見まねの
賃貸経営から学んだ
事業の組み立て方と信頼する
パートナーの必要性

農家の跡取り

印象に残った参謀の言葉

農家の長男として生まれ育った中島誠司さん（50代・男性）は、現在、大手自動車メーカーの技術者として働いている。

実家は都内近郊に代々続く地主家系で、先代やご両親は専業農家として生計を立ててきた。だが、誠司さんは別の道を選んだ。平日は会社員として働き、週末になると両親や弟さんが住む実家へ赴き、畑仕事を手伝う生活を長年続けてきた。

私が誠司さんとはじめてお会いしたのは、住宅メーカーAが主催するセミナーで、私はそのセミナーの講師として登壇していた。２０２０年のコロナ禍前のことである。その１年前の２０１９年に誠司さんの父親が亡くなっており、ひと通りの相続を済ませたタイミングでの出会いだった。

「実家の2軒隣に松本さんにお世話になっていた方がいて、その方からセミナーの案内をいただいたのがきっかけでした。内容は相続対策のお話が中心で、そのとき松本さんが『**相続が3代続くと財産がなくなる**』という話をされていたのを今でもよく覚えています」

二次相続に向けて

誠司さんから本格的なご依頼を受けたのは、セミナーから数年経ってからのことだった。

「はじめて松本さんのお話を伺い、『資産の組み替えが大事だ』とわかってから課題意識を持つようになりました。ただ、私には不動産の知識がなかったので具体的にどうしたらいいかわからず、当面は相続した畑を維持していこうと考えていました」

中島家の農地は生産緑地※に指定されており、固定資産税が安くなるなど優遇された面があった。生前の父親の様子を見ていた限りでは、土地を保持していくこと自体にさほどの苦労はないように思えた。

ところが、実際に畑を引き継いでみると、その印象はガラッと変わった。

会社員として働く誠司さんにとって、本業を持ちながら畑を管理するだけでも大変で、次第に負担感が増していったのだった。半月も経つと草がぼうぼうに生え、週末は除草作業に追われる。畑の維持管理だけでも手一杯な状態が続いた。

加えて、相続時に重くのしかかる相続税も気になった。

生産緑地の指定から30年の間に主たる従事者が死亡した場合、新たにその土地の所有者となった者は、営農を継続するか否かを判断し、継続しない場合には管轄の自治体に買取りを申し出ることができる。ただし、相続税の優遇措置の対象から外れ、農地よりも高い税率の「宅地並評価」で課税された相続税を納めなければならないという規定がある。

営農の継続を選択しなかった誠司さんは、高額な相続税による重荷を感じ、二次相続に備える必要性を感じたのだった。

継いだ資産をいかに運用するか——。

セミナーで話を聞いて以来、その言葉がずっと誠司さんの頭に残っていた。

その後、誠司さんは思い切って1棟のアパートを購入した。

※生産緑地：都市部の農地の保全を目的に、計画的に保全されている土地のこと。生産緑地の指定を受けると、所有者は30年間営農を続ける義務が生じるが（特定生産緑地の場合は10年間）、固定資産税が安くなるなど税金面での優遇措置を受けることができる。

素人の限界

見よう見まねの賃貸経営

「相続対策と言っても、見よう見まねですよ」

誠司さんは笑いながらそう話す。

物件を購入するとき、銀行やハウスメーカーがいろいろな話を持ちかけてきたという。そこで得た情報も頼りにしながら誠司さんは自ら行動に移した。

「自分で買ってみて思ったことは、やっぱり餅は餅屋で、素人が関わっても良質な情報には出会えないということ。いい物件は、一般の人の目に触れる前に話が決まってしまいます。逆に、『これはどうですか?』と提案いただく物件というのは、半年、1年と売れずに残っているものが多く、魅力的な投資先ではないのだと知りました」

いかに優良物件を好条件で買うかが不動産投資の成否を分ける。だが、いくら探しても、そういった物件はなかなか市場に出てくることはない。売りに出される前か、売りに出されてすぐのタイミングで、プロ同士の紹介により購入者が決まってしまうからだ。

いざ土地を買うにしても、いいなと思ったときに即決しないとライバルに先を越されてしまう。土地や物件を購入するといった売買契約においては、速やかな判断と行動が求められるのだ。しかし、**多くの地主は自分の土地にアパートや賃貸マンションを建てることがあっても、新たに不動産を買うことには慣れていない。**

誠司さんが紹介を受けたあと2～3日検討していた土地は、その間に売れてしまったという。誠司さんは「賃貸経営の難しさを思い知った」と話す。

土地は稼いでくれない

土地の上に建てる建物は家賃収入を生んでくれるが、土地自体はお金を運んできてくれるわけではない。

地主の方が不動産事業を成り立たせることができるのは、もともと土地を持っているアドバンテージをいかして利益率の高い収益建物を建てるからであり、融資を受けて投資する価値はそこにある。

ところが、誠司さんは土地の購入分も融資を受けていたという。

「その物件を買った後に参加した別の相談会でさまざまな話をお聞きして、私のやり方がまずかったなと反省しました。一般の業者さんの話や巷で言われるような情報をもとに見よう見まねでやっても、やっぱりうまくいかないものだと、つくづく思いましたね」

事業性を問う

誠司さんは自らの経験から学んだことを、次のように語る。

「5年先、10年先も事業として成り立つのか、そういった経営視点を持つことが大事なのだと教えられました。でも、一人でやるのは難しい……。中には一人でできる方もいらっしゃいますが、そういう方は資産規模が大きかったり、ベースにある知見や経験値がまったく違ったりしますよね。素人判断ではうまくいかないのがよくわかりました」

何事も、経験が最良の教育だ。もちろん、取り返しがつかないこともあり、避けるべき失敗も中にはある。だが、基本的には、最速で失敗することが成長のために必要であると私は考えている。

不動産投資における経営感覚やオーナーとしてのセンスは、経験によって磨かれる部分も大きい。その点で、誠司さんがご自身の経験から学んだことは大きな価値があり、のちに知恵となっていきてくるはずだ。

【畑の売却】

最初の困難

誠司さんからご依頼を受けた後、まずは誠司さんが相続した畑の売却に取りかかった。

二次相続に備えることも目的のひとつだったが、それはあくまで通過点に過ぎない。農地の売却によって得た収益で新たな収益物件を購入し総合的な資産の組み替えを行うことで、中島家のより良い未来をつくることを大きなゴールとした。

ところが、いざ蓋を開けてみると話はじつに煩雑だった。

農地を売るとなると、道を通したり樹木の伐採抜根を行ったりと、その土地の開発を視野に入れた事前の整備が必要になることがほとんどだ。中島家の場合も、接道がよくなかったため、隣地の方の同意を得てセットバック※を行う必要があった。土地が道路に面していなければ建物を建てる開発許可が下りず、その土地を売りに出すことは難しくなる。

そこで、さっそく当該の家に話を持っていった。しかし、セットバックの協力は得られず、事態は難航した。幸い、別方向から接道を取るという方法もあったため、最終的には他の方からセットバックの合意を得ることができた。

「協力してくれたお宅は納税猶予を受けていたようで、セットバックの手続き以外にも、税務署や市役所を相手に面倒なやり取りがあったようです。こちらの都合にもかかわらず、手間のかかることに応じてくださって本当にありがたいなと思いました。最初にお願いした方に許可をいただけたなら、もう少し話はスムーズだったのですが……」

土地をめぐる問題には複雑な人間関係が絡む。「農家だから近所付き合いがいいかというと、そうでもない」と誠司さんは話す。

また、誠司さんはこう続ける。

「実家の辺り一帯は、代々の農家で畑を受け継いでいる家がほとんどです。何世代にも渡って畑を守っていく中で、派閥のようなものが生じたり、ご近所とのわだかまりができたりと、多かれ少なかれどこの家でも何かしらの問題を抱えているのだと思います」

※セットバック：土地の境界線を一定の間隔で後退させ、建築基準法で定められている接道義務を果たす行為。

行政によって異なる対応

今回の畑の売却において争点となったのは、「いかに接道を取るか」であった。このハイレベルな案件を手がけたのも、ビルや農地などの大型不動産に特化した売却の仲介を行う稲垣氏だ。

誠司さんは、稲垣氏からもらったアドバイスをもとに自らできることを進めた。市役所に何度も足を運び、接道を取るための交渉を重ねたのだった。

ところが、話を進めていく中で再び困ったことが起こった。先のセットバックに応じなかった方とは別に、樹木伐採に応じない少し変わった対応をする家があったのだ。

誠司さんは次のように振り返る。

「一番大変だったのは、ご近所とのやりとりですね。幸いにも行政の協力があり、最終的にはなんとか解決に向かうことができましたが」

救いだったのは、行政が非常に協力的だったことだ。これはのちに稲垣氏から伺った話でもあるが、市役所の職員が「こうやってみるのはどうでしょうか?」と、積極的にアイデアを出してくれたという。

農地が売却されて土地開発が行われると、人口は増加し、その分行政も潤う。行政にとってのメリットは過分にある。しかしながら、このような対応をしてくれるところは実際には少ない。

みながみな味方になってくれるとは限らない。

出来レース

地域による違いもあるが、一般的に農家は地元の金融機関との接点が多い。代々の専業農家であった中島家も例外ではなく、誠司さんの父親が亡くなった際の葬式や相続も、その金融機関に依頼して済ませたという。

「うちの地域では、農家は何かあるとだいたいその金融機関にお世話になるのが通例です。でも、担当者が2年ほどで入れ替わるので、そこまで深い関係性はありませんでしたね」

そんな地元の金融機関を通して、中島家は過去に農地を売ったことがあった。相続税を払うことが目的だった。そのときの入札と今回の稲垣氏による入札とでは、同じ入札でも大きな違いがあったという。

「少しでも高く売ってもらえるように要望を伝えたのですが、どうも様子がおかしい。数社分の入札額を提示してもらったところ、500万とか1000万円刻みでキリよく綺麗に並んだ数字を見せて、『こういう結果なので、この中での最高値はこちらですね』と言うんです。素人が見ても、本当か?と疑ってしまうものでした。言ってみれば、出来レースですよね」

とはいえ、売主には選択肢が実質ないようなもの。疑いを持ちつつも、誠司さんは話をのみ込むしかなかったという。

「こっちは相場感覚もなければ知識もないので、反論の余地もなく、納得いかなくても『お願いします』としか言えない状況でした。あちらが騙そうとしているわけではないのもわかりますし、彼らの立場で考えれば、そもそも売主の利益を追求して頑張る理由は何もないわけですよね。その点では理解できますが」

自ら経験した率直な感想として、誠司さんは「インターネットで調べたような情報ではとても太刀打ちできない」と話す。その上で、さらにこう続けた。

「やっぱり一人では難しいと思います。松本さんや稲垣さんのお力をフルに発揮していただいたおかげで、売り抜けたのだと思います」

この一件は解決まで想像以上の時間を要したが、無事に契約までこぎつけ、決済を終えた。

タイミングに恵まれた

難題が多かったが、タイミングに恵まれた点は良かったと思う。

もともと、中島家の周辺には広大な畑が広がっており、過去にその一部の土地が数百から数千坪単位の分譲地として売却されたことがあった。その後、介護施設やスポーツクラブなどが続々と建設されると、田園風景は一変。綺麗な街並みが出来上がった。

そういった経緯があっての売却だったため、買い手がつきやすい状態だったことが大きな勝因のひとつだ。過去に取引事例がある分、買主としても先の見込みや予測を立てることができ、手をあげやすい状況だった。

田畑が一面に広がる中でその一部を売るのと、すでに分譲地になった後に残る一部の農地を売るのとでは、だいぶ事情が変わる。困難続きの売却劇であったが、中島家のご先祖様が見守る中、時代の流れや運も味方してくれたのではないかと思う。さまざまな交渉や調整が必要だった今回のケースは、一般的な仲介会社や地元の仲介会社には解決できなかったことだろう。

プロの業

ここで少しだけ不動産売却の舞台裏をお見せしたいと思う。

特筆すべきは、稲垣氏の「**価格を設定せずに売る**」という売却手法だ。

多くの場合、不動産の売却を行う際には、過去の取引事例（＝相場）をもとに価格をつけて売り出す。仲介会社は、売主である地主に「このくらいがいいところではないでしょうか？」と、売却価格を提示し、売主がＯＫを出せば話が進んでいく。

だが実際には、売主の選択肢はあってないようなもので、たいがいは地主に判断する知識がないため、「お願いします」と言うほかない。仲介会社としては、早く売ってしまいたいという都合もあり、価格を設定する時点で「このくらいなら売れるだろう」と、ある程度売り抜ける目処が立つ状態にしている。これがよくある売却時のパターンであり、業界の通例だ。

対して、稲垣氏の方法とは、買主ごとに入札額を提示してもらい、競りを行うというもの。

ある土地を欲しいと手をあげる買い手の中には、是が非でも買いたいという相手がいる。そういう法人あるいは個人は、購入する理由が明確にあるため、多少の高値がついても落札したいと考えるものだ。そこで競りを行うことにより、価格が吊り上がっていく。売主側にとっては、より高値で売れる可能性が出てくるというわけだ。

もちろん、第1章で触れたように、事前に「ビルの健康診断」をするなどして買主の不安を解消することも稲垣氏は忘れない。

先に述べた、最初に売値をつけて売却する方法の何が問題かと言うと、設定した価格から下がることはあっても、それ以上、上がることはないという点だ。すでに取引条件を決めているため、せっかく高値で売れる可能性があっても途中で価格を上げることが難しくなる。

つまり、できる限り高値で売ってほしい地主の立場からすると、**あらかじめ価格をつけて売りに出すということは、売り手にとって高値で売れるチャンスを捨てているに等しい**。それにもかかわらず、**業界では依然として売値をつける方法が一般的であり、多くの仲介会社が売主（地主）ファーストではないのが現状だ。**

これらの背景には、各仲介会社が持つビジネスモデルや考え方が大きく関係している。

稲垣氏がこれまで手がけてきた案件の中には、予想を大きく上回って売却に成功した不動産がいくつもある。今回の中島家の農地売却においても、非常にハイレベルな案件だったにもかかわらず、予想より大幅に上振れした価格で売却することができた。

【資産の組み替え】

新築アパートを購入

畑売却の目処がついたところで、誠司さんは都内に木造3階建てのアパートを1棟購入した。都内でも人気のあるエリアで、最寄りの駅から徒歩10分以内と、立地も良い。どの部屋も間取りが異なっており、ディンクス（子どもを持たない共働き夫婦）が好みそうな設計。外観からはおしゃれな雰囲気が漂う。

中島家の資金活用のイメージとしては、売却代金をこの土地の購入に充当し、建物分は借入れといった具合だ。近い将来、違う物件を買い足すことも視野に入れている。

農地を売却しただけでは、お金は得ても何かを失ったような気持ちになる。古くから活躍してくれたものが、新しいものになって活躍してくれるイメージを持つと、「資産の組み替え」の概念がより理解しやすくなるかもしれない。まさに「**交換した**」**というイメージ**だ。

中島家の場合は、農地が姿を変え、収益を生むアパートに生まれ変わった。

不動産は「動かない財産」であるが、逆に「動かせるもの」と考えることが資産運用において重要な考え方になる。

決め手となった3つのポイント

この物件の購入の決め手は大きく3つあった。

ひとつめは、建築から管理まで同じ不動産会社が一括して行っているという点だ。

誠司さんが購入した物件は、売主が土地の仕入れから入居者の募集まで行い、ある程度居住者が埋まった状態で売り渡してくれる。その後も引き続き同じ会社がアパートの管理を担当するため、誠司さんとしては購入の後の手間もかからない。まさに賃貸経営のいいところを享受できる物件だった。

どういう会社に管理を任せているのかが、購入後の地主のストレスのかかり具合に大きく影響する。誠司さんが購入した物件のように、責任を持って一括した管理をやってくれる不動産会社と「同じ船に乗る」のが望ましいだろう。

2つめにあげられるのは、地主の特権をフルに活用できる物件だったということだ。誠司さんが購入した物件は、土地の形が少し変則的だった。そういった場合、一般の方はなかなか融資額が伸びにくい。ところが地主は、今回のケースのように売却代金を活かして購入すると、借入の比率が高くならないため、比較的容易に融資を受けることができる。その点で、**地主の武器を最大限に活用**できる良い物件に出会えたのではないかと思う。

3つめは、木造という点。木造アパートの場合、建物が老朽化したときに新しく建て替えることもできれば、解体して土地だけを売却することもできる。あるいは建物を含めそのまま売ってもいい。つまり、将来、幅広い選択肢を持つことができるのだ。これはRC造（鉄筋コンクリート）に比べて選択肢が多い木造もしくは軽量鉄骨だからできることである。

このように、**先々を見越して複数の出口戦略を考えておくことも不動産投資において重要になる。**

購入前のウォーミングアップ

「いくら松本さんのご提案でも、初見で『はい、買います』とは言えなかったと思います。それが良いのか悪いのか自分では判断できなかったと思うので。松本さんが前もって複数の物件を見る機会をつくってくださったおかげで、最後は自分なりに納得して決断することができました。それには非常に感謝していま す」と誠司さんは話す。

納得とは、「これがいい」と自分で気づくことだ。しかし、最初はどの物件の何がいいのか、あるいは悪いのか、その判断基準を持っている人は少ない。そんな状態で「これを買いましょう」と相手に差し出したところで、決断できないのは当然だ。

畑の売却を進めている間、誠司さんと一緒に都内の別エリアの物件をじっくりと見て回っていた。同じ不動産会社が扱う物件でも、エリアによる違いやニーズからくみ取ったコンセプトの違いなどによって大きな違いが出る。それら一つひとつを比較しながら見る目を肥やすことで、顧客の頭の中にイメージをつくることを私は心がけている。

誠司さんは過去に見てきた物件との比較ができたことで、購入した物件の何が良かったのか、自分の中でしっかりと理由づけができたことが納得感につながったのだと思う。

いい物件は即断しないと売れてしまう。そのため、こういった売買契約※**においては、スピード感が極めて重要になる。**

しかし、多くの地主は自分の土地に建物を建てることには慣れていても、別地の物件を買うことには不慣れだ。非常に地味な動きではあるが、購入のチャンスがいつ来てもいいように、こうして備えておく必要があると私は考えている。いわば、購入前のウォーミングアップ。

プロとして「顧客を育てる」ことも大切だと思う。

※売買契約：土地や建物などの不動産を売ったり買ったりする際に、売主と買主との間で交わされる正式な契約のこと。

事業のコツをつかむ

誠司さんは自分でアパートを購入した経験から多くのことを学んだという。そのときに誠司さんが関わった地元の金融機関や銀行、ハウスメーカーも、「プロ」であることには変わりない。だが、プロの中でも力の差があるのが現実だ。その差をご自身で体感できた価値は大きいだろう。

「松本さんのお話を伺う中で、事業の組み立て方が少しずつわかってきたように思います。たとえば借入れひとつにしても、ただすればいいというわけではないですよね。リスク許容度を考えて、どのくらいの比率で融資を受けるのが妥当なのか。そういった事業を成り立たせる上で重要になるポイントというのを学ぶことができました」

誠司さんの不動産に対する感覚がどんどん高まってきているのを感じる。経験からさまざまなことを学び、経営感覚のコツをつかんでいるのだと思う。**コツをつかむまでは時間がかかるが、ひとたび体得してしまえば、自転車に乗れるようになるのと一緒で逆に転ぶことが難しい。**

誠司さんはこう続けた。

「目先の5年、10年は、立地条件が悪くても新築であればそれなりに経営が成り立つのだと思います。ただ、ローンを組んでから先が長いので、長期的に見たときに収益が上がるのかが問題になるのではないでしょうか。松本さんとお話しする中で、この場合だったらどうなるのかと、そういった想像もつくようになってきました」

地主のもとにはいろいろな営業がやってくる。中には地主の資金や土地を狙っている人も少なくない。だが今の誠司さんは冷静に判断する目を持ち、おかしな話を感覚的に嗅ぎ分けることができるだろう。つまり、営業泣かせになったということだ。

物件選びのセオリー

資産の組み替えを行う場合、どんな土地でも建てたらいいというわけではない。経営が成り立つかどうかをしっかりと見極め検討する必要がある。

とくに、アパートやマンションなどの賃貸物件を建てる場合、周辺環境といった立地が大切になる。静かな環境で、駅近。そういった条件の良い土地をいかに選び魅力的な物件を建てるか、あるいは優良物件（立地条件を含む）をいかに安く買うかが不動産経営の成否を分ける。

好条件の土地を手に入れることも重要だが、採算の取れるプラン（間取り）にしなければ意味がない。**土地と建物を合わせて、いかにコストを抑え収益性を上げるかが不動産投資における基本の考え方になる。**

マイホームを建てる土地を選ぶのと、賃貸物件を建てる土地を選ぶのでは、基準が大きく異なる。たとえば賃貸物件を購入しようとして、南道路に面した土地と北道路に面した土地があるとしよう。多くの人は南道路に面した土地を選びがちだが、これが正解とは限らない。このカラクリについては、『地主の決断』の141ページをぜひお読みいただきたい。

また、いつか売るときのために、どういう条件であれば売りやすいのかを考えることも大切だ。つまり、中長期で見た「出口戦略」をしっかり持っておく必要がある。その地域ならではの需給バランスをふまえた上で、目先の条件にとらわれない売却時の視点を持たなければならないのだが、この点を見落としている人は意外に多い。

とはいえ、こうした視点を持って土地や物件を選ぶことは、一般の方にとって非常にハードルが高いものだ。それに、土地を購入して物件を建てるよりも、すでにできている賃貸物件を購入するほうがはるかに現実的で、それに際してもプロのアドバイスが必要となるだろう。

真に地主の立場に立って土地や物件選びをサポートしてくれる人と共に歩むかどうかで、一族の未来は大きく変わってくるのだと思う。

誠司さんは次のように話す。

「物件を購入する目的によって重視する点が違うことや、優先順位のつけ方が異なることを、いろいろな物件を比較しながら松本さんに逐一教えていただきました。そういった物件選びのセオリーがわかったことは、過去の自分と比べて変化したところだと思います」

【兼業地主として】

痛感するパートナーの必要性

「農家で不動産に手を出す人はうまくいかない」――これは、誠司さんの実家界隈で広まっていた教えで、亡くなったお父様からもよく聞かされていた言葉だという。それだけ、不動産投資をして資産を減らしてしまった人が周囲に多かったということだろう。

誤解のないようにあらためてお伝えするが、**不動産そのものが悪いわけではない**。一つひとつの物事はより良い人生を生きる上での「手段」であり、不動産もそのうちのひとつだ。大切なのは、その大きな目的のためにいかにそれらの道具を用いるかだと思う。だが、それだけでは不十分で、もっと的確に言いあらわすならば、それらの道具をうまく活用するために誰の力を借りるのかが最も重要である。

「優良物件を買うにしても、そういったいい話は普通、個人には入ってきませんよね。いい情報を得ることひとつ取っても、どんな人とつながっているのかが大事なのだと思います。何も対策しなければ資産はどんどん減ってしまいますが、かといって、守るためにはそれなりのノウハウも必要。本業の片手間でやるようなレベルではとても太刀打ちできません。松本さんのようなパートナーの存在が必要なのだと痛感しました」

一人でやる必要はない。繰り返しになるが、大切なのは誰と共に歩み、誰と共に決断するかだ。加えて、プロに頼ってアドバイスを受け入れる素直さも必要なのだと思う。

地主のあり方

誠司さんは今後のビジョンについて次のように話す。

「今回の物件を買って終わりではなく、これからも松本さんのお力添えをいただきながら、積極的に資産運用をしていきたいと考えています」

誠司さんは今後も資産を守りつつ攻めていく方針だ。キャッシュフローを改善し資産を増やすべく行動する――。誠司さんは、資産防衛において不可欠な「攻め」の姿勢をすでに体得している。

私は、誠司さんのような兼業地主こそ、信頼できるパートナーにサポートしてもらうのが得策であると考えている。なるべくプロに任せられる部分はプロに任せて、自身は本業など自分の集中すべきことに集中する。そのほうが時間や労力の配分がうまくできて良いバランスを保てると思うからだ。
また、そんな父親の姿を見て育つ４人のお子さんにとっても、最良の教育になるだろうと思う。「プロに頼むのは当たり前」という意識を育てることにつながり、信頼できるパートナーに任せることがスタンダードになっていくだろう。そういった専門家との関わり方やプロの力の借り方といった、地主に最も必要な力を育てる教育こそ、後代に引き継がれていくべきだ。

魚そのものを与えるのではなく、魚の釣り方を教えることが大事である。

現状では、地主になるための教育はない。地主家系で生まれ育つ子どもは、両親や祖父母といった最も身近である存在を通して地主のあり方を学び、影響を受ける。それが、将来のその子どもの不動産に対するスタンスを決定づけるといっても過言ではないだろう。
ずっと親が苦労する姿を見てきた後で管理に手間のかかる不動産を渡されたならば、地主家系に生まれた不運を嘆き、不動産が嫌になるに決まっている。

信頼できるパートナーと共に歩む。そのような「地主像」を見て育った子どもや孫世代は、自然と幸せな地主のあり方を学び、先代やご先祖に感謝しながら引き継いだ資産をより増やしていくことだろう。

今回、誠司さんが組み替えを行った物件は、お子さんたちの間で争奪戦が起こるほど魅力的な不動産だ。将来は、現状のまま引き継ぐのもよし、建て替えるもよし。更地にして土地だけ売ることもできる。収益性だけではなく、そのときの状況に合わせて幅広い選択ができるのも魅力のひとつだ。

たとえば賃貸併用物件に建て替えて、その1室に息子さんが住むというプランもなかなかいいのではないだろうか。

「私としてはぜひそうしていきたいですね」

誠司さんが見つめる未来は明るい。

第 4 章

特別対談
誰と共に歩むかで、未来は変わる

ここまでお読みいただいたみなさんには、地主を取り巻く驚くべき実情がまざまざとおわかりいただけたのではないだろうか？　本章では、地主の抱える課題をより掘り下げるべく、プロフェッショナルの方々をお招きして考えを伺った。彼らの話から、きっと新たな気づきが得られることと思う。

横山洋昌氏（税理士、深代税理士法人副所長）

1970年、和歌山県生まれ。1998年に税理士試験に合格し、2003年に深代会計事務所に入所。課長を経て2016年から現職。「地主の会計事務所」の商標登録を持つ深代税理士法人の副所長として、相続・資産税を得意分野とし、厚い信頼と豊富な実績を20年以上積み重ねている。

稲垣孝則氏（エスクロー・エージェント・ジャパン・グループ執行役員、不動産部長）

1971年、大阪府堺市生まれ。新築分譲住宅仲介、分譲用地仕入、収益不動産のコンサルティングを経て2016年より現職。約28年不動産業界に携わってきた実績を持ち、現在は事業用の大型不動産の売買を専門としている。

地主はみな孤独

松本：まずは、地主を取り巻く実情について、横山さんと稲垣さんのそれぞれの見地からお聞きしたいと思います。

横山：弊社、深代税理士法人は「地主専門」の税理士事務所として、地主さんに特化したサポートをさせていただいています。多くの地主さんとお会いする中で私が感じるのは、地主の方々は気軽に相談できる相手がいなくて孤独だということです。

松本：それは、具体的にはどういうことでしょうか？

横山：家族間であっても、お金の話はなかなかしにくいものですよね。自分がいくら持っているか、どれくらいの資産があるかという話は、妻にも細かく話さないという人が大半ではないでしょうか？　ましてや子どもに「お父さんはこれだけの資産を持っている」と、こと細かく話すことは少ないように思います。

家庭の中でも資産状況をざっくばらんに話す機会は持ちにくい。かといって、地主さん同士のつながりがあるわけでもない。地主の方々が置かれた立場というのは、周りに理解者が少なく、どうしても孤独になりやすい環境にあるといえます。


税理士という立場から地主さんと税理士の関係についてお話しすると、**税理士も地主の真の相談役にはなりにくいというのが現状**です。

弊社のように地主専門を掲げる税理士事務所は全国でも稀で、一般的には中小企業をメインの顧客とする税理士事務所がほとんどです。そのため、多くの税理士にとって、地主さんと関わるのは年に1度の確定申告のときだけ。

年に1回、地主さんから資料をお預かりして、確定申告の期日までになんとか申告書の作成を終わらせるというのが大まかな業務の流れです。通常の業務をこなしながら地主さんの確定申告を行うので、大半の税理士は地主さんからアパート経営などの相談を受ける余裕がありません。

そういった事情もあり、地主の方々は相談事があっても税理士に相談しにくい状況にあるのだと思います。こまめに相談というよりは、「じつはアパートを建てました」と事後報告になることが多いです。**税理士のほうも自分自身がアパートやマンション経営をしているわけではないので、地主さんに聞かれたところで良し悪しがわからない**のが本音ではないでしょうか。

稲垣：私は株式会社エスクロー・エージェント・ジャパン信託（ＥＡＪ）という会社で、ビルや駐車場などの大型不動産の売却に特化した仲介業を手がけていますが、サポートさせていただくお客様は地主さんが中心です。

横山さんがおっしゃるように、やはり、地主の方々は孤独になりやすく、味方が少ないように感じます。私の知る限り、ニュートラルな立場で地主のみなさんをサポートできるプロはなかなかいないのではないでしょうか。

ハウスメーカーや銀行、不動産会社に相談に乗ってもらうこともできますが、彼らが純粋に地主さんの立場に立ってアドバイスをしてくれるかというと、必ずしもそうではありません。ハウスメーカーなら家を建てさせたいと思いますし、銀行であればいかに融資を受けてもらうかを考えます。それぞれに「お客様に契約してもらいたい」という明確なゴールがあった上で、自分のビジネスに有利になるように会話を進めていくのだと思います。

仮に、地主さんの立場に立って真剣に解決策を考えたとしても、どうしても断片的な解決にならざるを得ません。私で言えば、不動産という切り口でしか話ができませんし、ハウスメーカーであれば建築、銀行なら融資という局所的な解決法しか持ち合わせていないのです。そう考えると、**トータルな視点を持って地主さんをサポートできるプロというのは、ほとんどいない**ですよね。

「誰に相談するか」がわからない

横山：真の味方が少ない地主さんにとって、誰に相談するかが重要なテーマになってくるのではないでしょうか。税理士と一口に言っても、専門領域も違えば得意とする案件もさまざまなので、どんな税理士に依頼するかもひとつのポイントだと思います。

たとえば先にお話しした通り、弊社は地主さんに特化した税理士事務所なので相続税の「物納」は得意な案件のひとつです。でも、全国的に見ると物納案件を取り扱える税理士はほんの一握り。というより、ほとんどいないのが現状です。

国税庁のデータによると、そもそも物納件数自体が年々少なくなっていて、令和5年の申請件数は23件。この5年、10年を見ると、ますます減少の一途をたどっているのがわかります（図1参照）。これだけ物納件数が少なくなると、地主さんも税理士も実例を見聞きすることがほとんどなく、「今どき物納なんてできるのか？」と思ってしまうのも無理はありません。

（単位：件、億円）

区分	年度	申請	処理				処理未済
			許可	取下げ等	却下	小計	
件数	16	3,065	3,639	1,651	24	5,314	5,968
	17	1,733	2,730	1,169	21	3,920	3,781
	18	1,036	2,094	861	16	2,971	1,846
	19	383	1,114	234	22	1,370	859
	20	698	704	149	27	880	677
	21	727	711	149	54	914	490
	22	448	503	103	46	652	286
	23	364	317	98	27	442	208
	24	209	205	55	45	305	112
	25	167	132	38	29	199	80
	26	120	88	25	18	131	69
	27	130	69	30	12	111	88
	28	140	114	25	36	175	53
	29	68	47	27	13	87	34
	30	99	47	16	12	75	58
	令和元	61	72	12	2	86	33
	2	65	53	14	6	73	25
	3	63	39	12	10	61	27
	4	52	54	6	2	62	17
	5	23	16	5	4	25	15

図１　相続税の物納件数の推移

出典：国税庁「相続税の物納処理状況等」をもとに作成

ただ、そうであっても、弊社では全国の物納件数のうちの2～3割を取り扱っているので、「**得意な人に聞けばちゃんと答えはある**」と言えるのではないかと思います。

稲垣：全体の2～3割とはすごいですね。私は毎年、20～30名ほどの税理士さんとお仕事させていただきますが、物納の事例はこの10年ほどは聞いたことがないです。

横山：対応できる税理士や事務所が少ないのは、過去と比べて物納の条件が厳しくなっているという事情も影響していると思います。ただ、申請件数が減っている一方で、依然として地主さんのニーズは根強いです。

本来、相続税は現金一括で支払うのが原則ですが、それができない場合、分割もしくは一定の相続財産で相続税を納めることが認められています。地主さんが持っている土地の中で、貸地は普通に売っても高く売れないため、「それであればその貸地を物納として相続税の支払いに充てたい」と考える人が多いというわけです。

過去にお会いした顧客の中には、「父親の相続のときにお願いした税理士さんが物納についてまったくの無知で、売りたくもない土地を売る羽目になりすごく悔しい思いをした」と話してくれた方もいました。

稲垣：**聞く相手を間違えてしまうケースは多いですね。**確かに、誰に相談するかは大事だと思います。

横山：あとは、**やったことがある人に相談することも大切**だと思います。アパートやマンション経営について税理士に相談しようと考える地主さんも多いのですが、自分でやったことのない税理士がほとんどです。当然、経験のない人に賃貸経営の良し悪しがわかるはずもありませんよね。もし税理士に相談するのであれば、まず「自分でアパートやマンション経営をされていますか？」と聞いてみるのが一番いいと思います。

ただし、私の知る税理士の中には、自分で経験してその良さを知っているにもかかわらず、顧客にはそれを勧めないという変わった税理士もいました。

小規模企業共済（国が個人事業者向けに運営している退職金制度のようなもの）の対象者であれば加入している場合がほとんどだと思いますが、その税理士は自分が入っていながら未加入の顧客には勧めていませんでした。確定申告書を見れば小規模企業共済に加入していないことはわかるはずなのですが……。

しかも、この税理士と顧客は先代の頃から数十年の長い付き合いがありました。顧客の立場からすれば「いいものだとわかっているならもっと早く教えてよ！」と言いたくなりますよね。

松本：同じプロでも力の差があるのが現状かもしれませんね。とくに「先生」と呼ばれることの多い税理士の方々は、顧客から見ると能力の違いがわかりにくいのではないでしょうか。

スポーツだったら勝ち負けの結果を見ればすぐに選手の実力がわかりますし、料理を食べてみれば美味しいかどうかで料理人の腕前がはっきりわかります。でも、専門知識が必要な士業の業界は地主さんからするとベールに包まれた世界。何が相手の専門で何が専門外なのか、自分の相談相手として適切なのか、非常に判別しにくいのだと思います。

プロとしての技量はもちろん、人間性や仕事へのスタンスも含めて、どんな相手をパートナーにするか。誰と共に歩むかで結果は大きく異なるということをお二人の話を聞いてあらためて思います。

人を見極めるのは難しいことですが、付き合う相手が信頼に足るかどうかをしっかり判断することが必要になりますね。逆に言えば、**心から信頼できるパートナーがいればそれにまさる強みはない。**地主の方々の未来は確実に変わっていくと思います。

お二人の話から、あらためて地主の方々には味方がいないという実情を再認識する機会となりました。

地主のパートナーをめぐるおかしな実情

横山：過去に私が仕事をご一緒したパートナーの中で、忘れがたい〝おかしな対応〟エピソードがあります。

アパートやマンションを建てる地主さんは銀行から融資を受けることがよくあります。ある地主さんは契約時に5年固定金利を選んでいたので、5年が経過する前に金利の見直しのタイミングがやってきました。私とその地主さん、大手A銀行の担当者の3人で話していたときのことです。

A銀行の担当者が、私たちに金利を提示しながらこう言うのです。「私はかけ引きが嫌いだから、この金利でお願いします」と。交渉というより一方的に言い放った感じでした。地主さんはその行員に対して沈黙を貫いていましたが、どうも納得していない様子。その場を離れ、のちに地主さんと話したときに、「もう少し金利が下がらないかと考えていた」と伝えてくれました。

その言葉を聞いた私は、Ｂ銀行に相見積もりを取ることを提案しました。相見積もりを取って少しでも金利が下がるように交渉することは一般の方でもやる普通のことです。でも、そこからが大変でした。

Ａ銀行よりも低い金利を提示したＢ銀行の話を持ち出したところ、Ａ銀行の担当者がものすごく激怒したのです。「私はかけ引きが嫌いと言ったじゃないですか！　おたくのやり方は汚い」と、感情を爆発させて怒り出しました。大手銀行の課長ともあろう方が、そんな一方的な自社都合を理由に憤慨することがあるのかと、私は愕然としました。

さらに驚いたのは、その行員の上司にあたる支店長も出てきて「それがおたくのやり方ですか？」と一緒になって怒りをぶつけてきたこと。最終的には金利を下げてもらい、地主さんにとって一番良い形で契約することができたのでよかったのですが、あからさまに自分たちの利益だけを考えた対応につくづく疑問を感じてしまいました。

プロとして、どこに軸足を置いて仕事するのか。常にそれを問われているのだと感じます。

稲垣：私も過去に似たようなことがありました。弊社はすべてご紹介で仕事させていただいているのですが、商談が途中で頓挫してご紹介元の担当者からひどく怒られたことがあります。

ある金融機関C社からご紹介いただいた案件で、都内の大きな不動産売却の仲介を手がける仕事でした。話は順調に進んでいたのですが、契約がまとまりそうなところで紹介先のお客様の都合により話がダメになってしまったのです。

わりと大きな仕事だったこともあり、一生懸命やった結果、成約に至らずこちらとしても非常に残念ではありました。でも何よりお客様にとってそれが最善の選択だったので、弊社としては結果的によかったと納得していました。

ところが、それを紹介元のＣ社担当者に報告したところ、えらく怒られてしまいました。「なんとかして話をひっくり返し契約をもぎ取ってこい」と言わんばかりの対応に驚きました。

聞くに、「すでに売上を読んでいたんです」とＣ社担当者。要は、成約したあとの売上を見込んで皮算用し、売却益が入ってきたお客様に金融商品を買ってもらおうと目論んでいたようなのです。

松本：売上のために営業に躍起になっている金融機関は多いですよね。

過去に私がサポートさせていただいたある地主さんは、持っていた不動産を売却し、数億円のお金が銀行口座に振り込まれた途端、銀行の担当者から営業の電話がしつこくかかってきて困り果てたと話していました。売却の目的は新たな不動産を買うことだったので「お金の使い道は決まっている」とはっきり断ったそうですが、それでも相手はなかなか納得してくれず非常に困ってしまったといいます。

地主の方々の元にはこうした営業が寄ってくるのはよくある話ですね。

稲垣：「お客様に軸足を置く」と綺麗事は言えても、その通り実行できる会社は少ないのが現状なのだと思います。いくら個人的にそういう想いを強く持っていたとしても、現実的には許されない。先の話のように、「何がなんでも契約を取ってこい」と上司や経営層に圧力をかけられてしまうことが多いのだと思います。

その点では、私は自分の気持ちに嘘をつくことなく仕事をさせていただいているので、ストレスがありません。会社の考えと一致して顧客に軸足を置いた仕事ができるのは、本当にありがたいことだと思っています。

パートナーによって結果が大きく変わる

稲垣：以前、松本さんにご紹介いただいた横浜の案件は、**誰が仲介するかで結果が大きく異なる**ことを痛感した印象深い事例でした。

地主さんからは「古いアパートと駐車場を売却したい」というご要望を伺いましたが、ご紹介いただいた時点ですでにある銀行の不動産部がその案件に着手していました。銀行は、その土地に建売物件を建てたいと購入を希望する建売業者から申込書を預かっている状態で、購入希望価格は4億9000万円。その価格は妥当なのかどうかというご相談でした。

通常、不動産を売るときは査定をして値段を決めるのが一般的ですが、弊社は基本、査定をしません。値段を決めず、オリンピックでいうところの予選を最初に行い、決勝に進んだ数社を対象に入札を行うという方法を取っています。

本案件で入札希望の約130社を対象に予選を行った結果、はじき出された最低入札額は5億9000万円。この時点で先の建売業者の提示価格よりも1億円上回る値段です。

さらにここから決勝戦を行い、最後は上位2社で一騎打ち。この勝負、最終的には6億7100万円で入札した会社が2位に大差をつけて落札したのですが、着目すべきは2位の会社です。入札価格は5億9000万円と決勝ではそれ以上伸びなかったものの、もともと銀行経由で4億9000万円の買い付けを入れていた建売業者が2位だったのです。つまり、同じ会社が1億円高い入札をしたということ。この結果には地主さんもすごく驚いていました。

もちろん、競わされたことも大きいと思いますが、**買い手がどうしても「買いたい」と思ったとき、こうして入札額が億単位で変わる**という事実を如実にあらわしているのではないかと思います。

地主さんが持っている土地は高く売れる可能性があるのに、あっさりと話をつけて仲介者に言われるままに売却してしまうのは、非常にもったいないと感じます。

松本：普通であれば、建売業者さんには銀行経由ですでに声をかけているので「再度入札を……」とはなりませんよね。そこをあらためて入札を行い、地主さんのためにより高く売れる可能性にかけるところに稲垣さんのプロとしての姿勢を感じます。

シンプルに、より高く買ってくれる相手を探す。純粋にそれを追求できるのは、「売却」に特化している稲垣さんの強みではないでしょうか。

売却も販売も物件の管理も、「何でもできます」を売りにする不動産会社が多い中、やはり何かに特化している人にはかなわないと思います。

稲垣：そういえば、星野さんが所有されていた商業ビル（第1章参照）を売却したときも同じようなことがありましたね。8600万円で売却できましたが、もし地元の管理会社に売却の仲介をお願いしていたら売値は7500万円になっていたという話。仲介者の違いで1000万円以上の差が出るとは。

松本：そうそう、そんな話がありましたね。

地主さんが所有する駐車場やアパート、マンションの管理は地元の管理会社さんに任せるケースが多い中、いざそれを売却するとなったとき別会社に仲介を依頼するのは、地主さんにとって非常に悩ましいこと。管理会社側は「売却するならうちに言ってよ」となりますからね。それまでお付き合いがあった管理会社との関係性を考えると、「よそに任せたら怒られるのではないか」「何と説明したらいいのだろう」と、紘子さんもだいぶ悩まれていたのを思い出します。

でも、ビルのような大型不動産を売却すること自体が特別なことで、たとえるなら、医者だからという理由で内科医に外科手術を頼むようなもの。そのくらい専門分野が異なることだと思います。外科手術をするなら外科医のもとへ。当時もそんな話を紘子さんとビルの共同所有者の毅さんにさせていただきました。最終的には「売却の専門家にお任せします」と地元の管理会社さんに伝え、稲垣さんに託されたのでしたね。

稲垣：その後、地元の管理会社さんに報告したところ予想通り相当怒られたそうですが、「何だよ、うちに言ってくれたら7500万円くらいで話をつけるのに」

と先方に言われたそうで。内心では「1000万円以上高く売れたからお願いしなくてよかった」と思ったそうです。後日談として紘子さんのご親戚にあたる初美さんの旦那さん（『地主の真実』エピソード4に登場）から伺ったのを覚えています。

横山：確かに、地元の管理会社さんとの関係性で地主さんたちが悩まれるのも理解できますね。でも、そこにとらわれてしまうのはもったいない気もします。

稲垣：おっしゃる通りです。これまでお世話になったパートナーの方々には最大限の感謝を伝えつつ、**誰と組むかを選別することがやはり大事になってくる**と思います。

最近、あらためて感じたことですが、不動産業界にもいろいろな方がいます。たとえキャリアが長くても仕事ぶりに比例するとは限りません。

弊社に中途採用で入社した社員がいました。彼は大手仲介会社で20年働くベテランでしたが、入社するなりわれわれの仕事のやり方にかなり驚いていたのです。
　借地権を売りたいという地主さんのご要望があり、借地人と円滑に話を進める必要がありました。それで、借地人の主張がどこまで通るのか法的な根拠を持っておくため、顧問弁護士にたびたび相談していました。その一連の流れを見ていた彼が、「顧客である地主さんのために、こんなにハイレベルな弁護士を相手に頻繁にやり取りするなどこれまで経験したことがなかった」と言っていました。

松本：その方は、仕事のレベルの違いに驚いたのですね。**どれだけキャリアがあったとしても、「自分たちにとっての当たり前」が通用しないことがあります。**それだけ、同じプロでも差があるということなのだと思います。

プロフェッショナルの真価

松本：顧客の要望を聞くことは大事ですが、同時に、相手が気づいていない課題や解決策を示し、最善に導くことがプロとして大切な姿勢であると思っています。その意味で、ただ顧客のいいなりになるのとは違う。そういった信念の強さも必要ではないでしょうか。

そのためには、物事を俯瞰的に見ることができる柔軟な考え方を持つことが重要だと常々感じます。

地主さんに提案させていただくと、「なるほどそういう考え方もあるのですね」とみなさん驚きながらおっしゃいます。私はいつも地主の方々と一緒に話を進めながら「柔らかく考えることが大事ですよ」とお伝えすることが多いです。

同じ物事でも見る視点が違えば、見え方は大きく異なります。たとえばここにペットボトルがあるとすると、正面から見ると商品名が見えるものの、別の角度から見るとラベルに印字されたバーコードが見える。物体は同じでも、見えているものが違いますよね。そのような**多角的な視点をいかに持てるかが大切**なのだと思います。

身体で考えてみるとよりわかりやすいかもしれません。私は右膝が悪く、痛みを感じることがあって昔から膝の治療をしていました。ところが、いくら治療を続けても一向によくならない。後からわかったことは、痛みの原因は膝ではなく腰だったのです。腰の神経が影響して結果的に右膝に痛みが出ているだけで、膝そのものは悪くなかったのです。

ＭＲＩを撮ってみても右膝に異常は見られませんでした。表面にあらわれる現象とその原因となる箇所は必ずしもイコールではない。**思い込みにとらわれず、物事を柔軟に考える**ことを学んだ経験でもありました。

このことは、地主の方々をサポートする仕事にも通ずることだと思います。たとえば「家賃が下がったことにより、毎月の手取りが減った」と訴える顧客に対して、横山さんや稲垣さんから見れば、もっと別のところに根本の原因があるわけですよね。

横山：ちょうど弊社内でも「人によって見方が異なり意見が割れた」という事例がありました。

「相続税を見直してほしい」との依頼を受け、私を含めた数名の税理士で再検証にあたりました。まさに物事をどう見るか、どう考えるかによって支払う相続税額に数百万単位の違いが出るといった案件でした。

対象となる土地には2つの道路が接していました。このような場合、相続税の基本ルールとして、路線価が高いほうの道路を基準に土地の歪みを見て税額を算出するという決まりがあります。話を複雑にしていたのは、この土地が隅切り※であったことでした。

普通に考えたら、自宅の玄関側に接している道路Ⓑを基準にして土地の歪みを割り出すのではないでしょうか（図2参照）。道路Ⓑのほうが土地に接している面積も大きいため、そう考えるのが自然かもしれません。現に相続人は、道路Ⓑを基準に算出された相続税を払っていました。

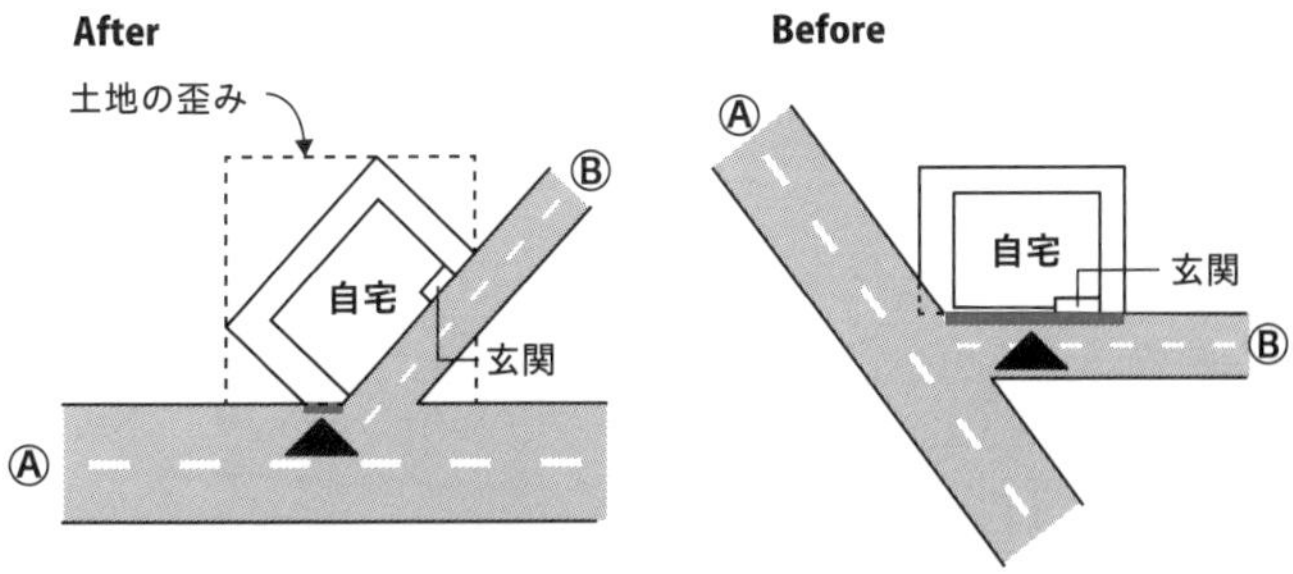

図2　どの道路を基準とするか？

　ところが、見方を変えると事情が変わります。非常にわかりにくいですが、よく見るとわずかに道路Ⓐにも接しているのがわかります。路線価はⒷよりもⒶのほうが高いので、道路Ⓐを基準とするパターンも出てくるわけです。

　先ほどの道路Ⓑを基準とする場合は、土地の形はほぼ長方形で歪みはほとんどありませんでした。これが、道路Ⓐを基準にすると土地に大きな歪みが生じることになり、その分だけ土地の評価額が下がります。結果として、支払う相続税が低くなるのです。

　ただ、このパターンは少しひねくれた見方でもありますよね。弊社の別の税理士の見解は、

「自宅の玄関も道路Ⓑ側にあり、Ⓑを基準とするこれまでの算出方法に誤りはない」というものでした。

彼は非常に優秀な人材だったので、彼の言葉を聞いて納得した部分もありましたが、一応、私は現地を確認しに行くことにしました。実際に現場を見てみると、1メートルないし2メートル、自宅が建つ土地と道路Ⓐが確かに接していることがこの目で確認できました。

道路Ⓐ案で相続税の見直し申告（更正の請求）を提出したところ、何の問題もなく税務署にも認めてもらうことができました。その結果、相続税の過払い分として差し引き300万~400万円が返ってきたのです。本にも書いていないし前例もないこと。**思い込みにとらわれたままだったらこの結果にはなっていなかった**と思います。

稲垣：当然のように道路Ⓑのほうで考えてしまう気持ちもよくわかりますね。確かに、柔らかい頭で考えなければできなかったことだと思います。

松本：つい、自分のやり方が正しいと思い込んでしまうもの。だからこそ、人の意見を聞くことが大事ですよね。

※隅切り：2つの道路が交差する角地や曲がり角に建物を建てるとき、土地の角を斜めに切り取って道路状にすること。見通しを良くし、車や歩行者の安全を守る目的がある。

大事なのは、「どのプロにお願いするか」

松本：今の話で思い出したのですが、よく地主さんが賃貸物件を建てるとき、「借入でやらなければ相続対策にならない」とおっしゃる方が多いです。これについて横山さんはどのように感じていらっしゃいますか？

横山：それは迷信なのですが、確かにそうおっしゃる方は多いですね。**アパート**

やマンションを建てるとき、**「借入しないと有利にならない」とほとんどの方が思い込んでいます。**

借入は利息を支払わなければならないので、手持ちのキャッシュで支払う余力があるなら、それに越したことはありません。でもどういうわけか、多くの地主さんは現金での支払いを避けたがる。潤沢な現金資産があるにもかかわらず、その間違った思い込みにより繰り上げ返済しようとしなかったり、あえて借入たりする人が多いと思います。

相続税額の算出について少しだけ触れておくと、相続税は現金（＝資産）から借入（＝負債）を差し引いて純粋に残った資産（＝純資産）をもとに算出されるので、**借入さえしていれば相続税が安くなるというのは誤解です。**

仮に1億円の借入があったとしても、現金が1億円口座にあれば差し引きゼロ。借入せずに手持ちの現金1億円を使ってアパートを建てるのと変わりません。むしろ、借入利息を支払う分だけ余計な支出が増えてしまいます。おそらく、負債

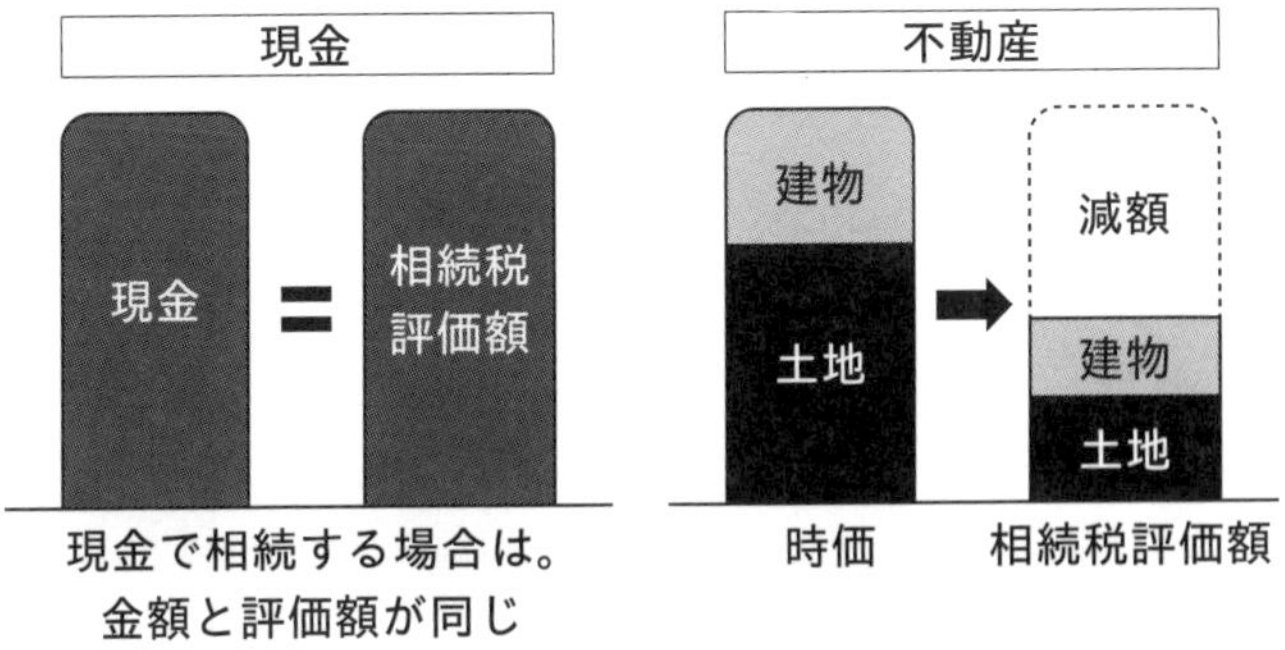

図3　現金を相続した場合と不動産を相続した場合の比較

があれば税金の面で優遇されるだろうという感覚的な思い込みがあるのではないでしょうか。

松本：**現金は時価のまま評価されてしまうので、時価よりも低く評価される土地や建物などの不動産と比べると、支払う相続税が高くなってしまうという点も見逃せません（図3参照）**。つまり、預金口座にまとまった現金があるならば、そのお金を土地やマンションなどの不動産に替えることで相続税が安くなり、結果として相続税対策になるというわけです。

横山さんのお話も合わせると、「借入」だ

けではない、「現金」という選択肢もあることに気づくと思います。このように複数の選択肢に気づくことが非常に大切で、そこから地主さんそれぞれの資産状況に合わせた手段を選び取ることが重要になります。その判断も含めて、総合的に見てくれるプロのアドバイスがあると地主さんも心強いのではないでしょうか。

稲垣：私が地主の方々と接して感じるのは、「**築古物件は売れない**」**と思い込んでいる方が多い**ということです。「あんなボロ物件売れるのですか?」とよく聞かれます。

おそらく、自分がいらないと思っている不動産を売ったところで、誰もほしがるはずがない。だから売れるわけがないと思い込んでいらっしゃるのだと思います。でも、私からすると「すごくいい物件じゃないですか」というものが多い。それだけ価値がある不動産なのに、はじめからどうせ売れないだろうと思ってしまう。これも非常にもったいないことです。

松本：それで相続税を払うために売りやすい畑や駐車場を優先して売った結果、手元に残った古い物件を相続するケースが多いのだと思います。管理に手間がかかる築古物件を渡された子どもは不動産が嫌いになるのも無理はありません。その意味でも、プロが必要なことを感じています。物件の選定にしても、地主とプロとでは視点が違いますから。やはり、どのプロにお願いするか、誰をパートナーにするか、誰と共に歩むのかに尽きると思います。

（2024年9月、紀尾井町にて）

終　章

幸せな未来へ向かって歩むために

視座を高く持ち、良い決断を行うということ

ここまでお読みいただいて、地主を取り巻くさまざまな課題やおかしな実情がおわかりいただけたのではないだろうか。新たな気づきが得られたところもあれば、共感した部分もあったかもしれない。

私がこれまで地主の方々と関わってきた中で、参謀の立場から課題感を持っていることが2つあり、その2つの課題について本書の最後に私なりの考えをお話ししたい。

ひとつめは、**視座の高さ**についてである。誰であっても問題や課題に直面することはあるだろう。地主のように多くの関係者と関わりながら土地や物件などの資産を管理していると、何かしらのトラブルが生じるものだ。

そういった困った出来事が起こったときに、それをどの視点から見るかによって見えるものは変わる。同時に、**それをどのような立ち位置（＝視座）から見る**

かによっても物事の捉え方は大きく変わり、以後の選択や意思決定に大きな影響を与える。しかし多くの地主は、視座が低い状態にあるのではないだろうか。

お城の中にいる殿様をイメージしてもらいたい。殿様は日々の給仕に忙しくしていたり、城壁の修理に明け暮れたりするだろうか。城から街を見下ろし、街全体のようすを眺めながら国を守り治める役割を果たすのではないだろうか。地主も本来は、このようにあるべきだと私は思う。

ところが実際は、多くの地主は税金のことや細かな事務処理に意識がいき、視野が狭くなっている状態だ。目先のことに忙しいせいで心の余裕を失い、将来への不安や大きなストレスが膨れ上がっていく。まさに「殿様」としての役割を果たせていない状態といえる。

地主は、〝土地の主（あるじ）〟として、視座を高くする必要があると私は考えている。細かく専門的な枝葉の部分は、信頼できるプロに任せて、物事の大枠だけをつかむことができればそれでいい。地主のみなさんが本当に集中すべきことは、**より良い未来につながるための方向性を見定め、そのための判断や決断を下すことだ。**

その決断というのも、一人でやる必要はまったくない。真に地主の立場になって考え、助言を与えてくれる信頼できるパートナーと共に歩むかどうかがキーポイントで、それによっていくらでも未来を切り開くことができる。

つまり、地主の方々にとって最重要課題は、**共に歩むパートナー選び**ではないだろうか。これこそが「地主の経営」の真髄である。本書では繰り返しそのことを伝えてきたつもりだ。

「朱に交われば赤くなる」という言葉がある。人は交わる仲間や身を置く環境に感化される生き物で、良くも悪くも一緒にいる人の考えや行動に影響される。それをうまく言いあらわした言葉だ。

地主においてもその通りで、たとえば、長い付き合いを続けてきた税理士の教えや考え、やり方などが知らず知らずのうちに刷り込まれ、自分の当たり前の基準になっていることがある。それが正しい知識に基づく健全なやり方、考え方なら運が良かったと感謝すればよいだろう。だが、そうでない場合は厄介だ。

自分でも気づいていないところで**「こうでなければならない」と間違った思い込み**にとらわれてしまっている場合は、その赤く染まってしまったマインドセット——物事の見方や考え方の指向を、一度まっさらな状態に戻さなければならない。

いずれにせよ、それほど近くで助言する人の存在が地主の考え方や思考、ひいては人生に大きな影響を及ぼす。誰と付き合い、誰をパートナーにするのか。その相手の実力差が地主の未来を左右するといっても過言ではないだろう。

良質な情報に触れ、学び続けることの大切さ

私が課題に感じている2つめは、**地主の方の学び**だ。

たとえば、いくら打ち合わせを重ねて今後の方向性を定めたとしても、近い将来相続するお子さんと意見が食い違ってしまう地主をたくさん見てきた。そういう場合のほとんどが、どこから情報や知識を得るかといった情報源の違いが要因になっており、共通認識や理解度に差があることから建設的な話し合いを持つことが難しかった。

親がいくら資産を守るための方法を学び、マインドセットを変え、未来のための努力を尽くしても、同じ情報に触れていない子どもとの不一致により最良の選択ができなくなってしまうのは、非常に残念でならない。

このような経験から、**親子で良質な情報に触れ、一緒に学べる場が必要**ではないか、という考えに至ったわけだ。

たとえば会社でも、入社後すぐ何の知識も経験もない状態でいきなり成果を上げることは難しいだろう。多くは、研修期間で基礎的な知識を学び、上司の指導を受けながら現場での実践に移っていくのではないだろうか。

料理も同じだ。独学も可能だが、料理教室に通って基礎やコツを教えてもらったほうが何倍も早く腕が磨かれるだろう。確実に料理がうまくなりたければ、その道のプロのところに行って習うことだ。

そういった学びの期間なしに、いきなり成果だけを求めるのはおかしいのではないかと思う。たとえ一時的に成果が出ても、本当にその人に身についたスキルとは言えない。

成果は、「思考×行動」によってつくられる。

成果を求めるとき、適切な行動に移さなければ成果につながらないが、その前段階として、思考を変えなければ行動につながらない。つまり、成果を上げるためにはまず、成果を生み出す考え方ができるように自分を整える必要がある。

この思考の変化は目には見えないが、その人の行動となってあらわれ、のちに結果となってあらわれる重要な成長のプロセスである。**思考を変えるためには、良質な情報に触れ、学び続けることが何より大切だ。**

私の顧客で、あらゆる出来事を「問題だ」と言う方がいた。詳しく話を伺ってみると、本人が言うほどの問題とは思えなかったので、私はその都度「それは問題ではなくて、単なる出来事ですよ」と伝えた。ところが、それ以降もその方は事あるごとに心配事を見つけ出し、「問題だ」と訴えてくる。

どうやらこの方はネガティブなマインドで物事を解釈するクセがついており、視野が狭くなってしまっているようだった。いわば自分にネガティブな暗示をかけているような状態であり、私から見ると「問題」ではなく、その方の**捉え方が問題だった**のである。

この方のようにネガティブ思考が定着し、物事の見方や考え方が凝り固まってしまっている人は多い。その方なりの背景があってのことだろうと思うが、現状を変え明るい未来を築いていくためには、**まず歪んだ物の見方や考え方を変える**必要がある。

長い時間をかけて形成された思考のクセを変えることは決して簡単なことではないが、うまくいっている人の思考に触れ続け、その人と同じ物の見方や考え方ができるように自分の思考を少しずつ書き換えていくことで、思考＝マインドセットの改革は可能になる。そのためには、学び続けることが大切だ。

ジャッジの仕方を学ぶ

繰り返しになるが、地主は節税対策などの専門的で細かい部分を自分で担う必要はない。また、資産運用や管理に関するすべてを網羅的に覚えておく必要もない。肝心なポイントだけを把握し、大枠をつかんでいるだけで十分だ。

それらの専門的なことは信頼できる各分野のプロたちに任せて、自分は〝土地の主（あるじ）〟として未来につながる良質な判断を下す。それが地主に求められる役割であることは先に述べた通りだ。

地主のみなさんが学ぶ必要があるのは、そのジャッジの仕方であり、資産を豊かな形で次世代に引き継ぐためには、今、何を優先すべきで何を手放すべきなのか、状況に応じて一つひとつの判断の質を高めていくことが大切になってくる。これはもちろん、正しい知識を学ぶことと実践を通して経験を積む以外に近道はなく、**常に学び続ける姿勢が不可欠**だ。

一般的に、ひとつの行動を習慣化するためには3週間続ける必要があると言われている。そのくらい、人は新たな行動を定着させるのが難しい生き物だ。一度セミナーに参加して、いくら「なるほど、ためになった！」と深くうなずき、「いい話を聞けた、実践してみよう！」とモチベーションが高まったとしても、日がたつごとに記憶は薄まる。そしていつもの日常を過ごしているうちに、考えが変わってしまうものだ。

資産運用の学びにおいても、学んだ知識を自分のものとして活かしていくためには、やはり継続が大事になるだろう。

私自身、選択理論心理学をベースとした人材教育のアチーブメント社で、長年学び続けている。社会人になってからの学びは、誰かに強いられて行っているわけではない。いわば自己投資であり、私自身の成長が顧客への貢献度に直結すると考えたとき、いかに自らの研鑽が重要であるかを思い知り、自ら進んで行っている。

アチーブメント社でマネジメントなどのプログラムを受講するたびに、新たな気づきが与えられたり視座が変わったりと、少しずつだが自分自身が変化していることを実感する。10年というスパンで見れば、別人のように大きな成長を遂げていることに、我ながら驚くこともある。

これもメンターをはじめ、弊社のスタッフやチームとして共に地主の方々のサポートに尽力してくださるパートナーの方々のおかげであり、こうした大切な仲間たちにさらなる価値を創造していくためにも、今後も学び続ける必要性を感じている。

地主のみなさんでいえば、今抱えている相続などの問題が解決しても、それで終わりではなく、その後も学び、さまざまな経験を積み続けることが大切ではないかと思う。

書面上の手続きや形式上の資産継承にとどまらず、**地主としての豊かな生き方（＝経営）を引き継ぎ、いかに次世代に教育を残していくかが**、地主にとって極めて重要なテーマであり、命題でもある。

先行き不透明でますます変化が激しい社会において、飛び交うさまざまな情報に逐一踊らされ、焦りと不安の中でその場しのぎの相続対策に終始してしまうことは、一番もったいないことだ。それでは、豊かな相続とは言えない。

地主の豊かな未来のためには、何が必要で、どう行動すればいいのか――そういった教育も合わせて次の世代に引き継ぐことができてこそ、未来は真に明るい。

「地主の大学」の意義

そこで私は、地主のみなさんが学べる場として、**２０２５年秋から「地主の大学」を立ち上げることにした。**この「地主の大学」は、「地主が良質な情報に触れ、学び続ける場」をコンセプトに、ご家族と一緒に2年間で全12回の講義を受講できるカリキュラムとなっている。

講師陣としてさまざまな分野のプロフェッショナルに参画いただくが、本書にも登場した深代税理士法人の横山洋昌氏と、株式会社エスクロー・エージェント・ジャパン信託の稲垣孝則氏にもご登壇いただくことになっている。このような各分野を代表するプロたちから直接学べる機会は、正直、他にはないだろう。

地主の方々は普段、地主同士のつながりを持つことはなかなか難しいと思うが、共に学ぶ仲間ができる点でも貴重な機会ではないだろうか。ぜひ「地主の大学」にご期待いただきつつ、大いに活用いただけたらうれしい。

もちろん、人によって合う、合わないがあるだろう。必ずしも「地主の大学」

である必要はないが、地主のみなさんには上質な情報と出会える場、学び続ける場をぜひ持っていただきたいと思う。

「経営者」として歩む

本書では3人の地主の方に話を伺い、実体験に基づくリアルなエピソードをまとめた。私は参謀としてその方々のサポートをさせていただきながら、3人の地主それぞれの変化を目の当たりにしてきた。

幸運にも各々の人生のターニングポイントに立ち合うことができ、成果を共に喜び合えたことは、地主の参謀として何事にもかえがたいことだと思っている。

第1章に登場した星野紘子さんも、第2章の主人公・大川美代子さんも、はじめてお会いしたときの暗い表情がもはや思い出せないほど、明るくやわらかい顔つきをされている。今では、「当時のお顔を撮影して残しておけばよかったですね」と冗談を言って笑い合うほどだ。資産の整理が進んでいくにつれ、「遠くを見る」「柔らかく考える」など、よく私が使う言葉と同じ言葉が、お2人の話にもポツポツと出てくるようになり、最後はご自身の意見をしっかり持った上で、潔い決断をされるまでになった。

第3章に登場した中島誠司さんは、過去に自力で収益物件を購入し、「プロの力が必要だ」と思い知ったご経験から、私が伝えたことを少しも見逃すまいとスポンジのようにみるみる吸収し、ご自分の知恵に変えていかれた。その、常に学ぼうとする中島さんの姿勢は本当に素晴らしく、頼もしささえ感じられる。

最終的には、私のような参謀が付きっきりにならなくても、地主のみなさんが自律できる力を身につけていただきたいと思っている。

もちろん、どれだけ成長を遂げても、信頼できるパートナーとの歩みは大切である。だが**経営者に必要な3つの力**――①**人を見る力**、②**時代の流れを読む力**、③**決断する力**をそれぞれ高め、養っていくことができたなら、それにまさる資産防衛はない。そして「経営」という3つの力を、自ら次世代に教育していければ、その地主家族の未来は明るいはずだ。

私の参謀としての役割は、いわば絡まった糸をほぐし、もとに戻すことだ。問題解決を通して地主さんとそのご家族が幸せになる手伝いをしているに過ぎない。もつれを正し、詰まりがあれば流れをよくし、濁ったものは浄化する。そのようにして幸せを阻む原因を突き止め、一つひとつ取り除き、地主の方々が潤いのある豊かな生活が送れるようにサポートすることだ。

つまり、あくまで私はそのサポート的な役割を担っているのであって、幸せな人生を歩むかどうかは、いつだって地主本人の決断次第である。どんなにサポートしても、私が本人になり代わって顧客の人生を歩むことはできない。

ゆえに、みなさんには、**地主として、同時に自分の人生の「経営者」としての力を持ち、幸せな未来を歩んでいってほしい**。それが地主にとっても、究極のゴールであるはずだ。

先祖代々引き継がれる資産があることは、本来なら資産を築いてくれた先祖に感謝し、幸福を噛みしめるべきことである。不動産は活用の仕方を間違えなければ、人生を豊かにしてくれるものなのだから。しかし、何らかの障りによってその幸せを享受できていないとしたら、それはとても残念なことだと思う。

本書に登場した3人の地主の方々は、マインドセットを変え、行動を変え、勇気ある決断を積み重ねたことで、自らの人生と未来を好転させた。地主としての経営感覚を身につけただけではなく、それぞれが自分の人生の経営者として、その歩みを始めている。登場していただいた3人の話には、未来を変えるヒントがたくさんちりばめられている。

とどまらず「最良」を追求する

「地主の参謀」として私がミッションとして掲げているのは、「**最良の追求**」だ。

私の尊敬するメンターはよく、「**最良の敵は良である**」と話している。私はこの言葉が好きで、弊社のミッションと合わせていつも心に留めている。

「敵は〝悪〟」ではなく、「良」であることがこの言葉のポイントだ。悪であれば誰が見てもはっきり判別できる。だが、良であれば「悪くないのだから、まあいいか」と、それ以上求めることをやめてしまう。そこに妥協が生まれるのではないかと私は思う。

「まあまあ良い」は世の中にたくさんある。合格ラインに達していれば良しと言えるのかもしれない。だが、目の前の地主やご家族のことを真剣に考えたとき、あるいは後代ともっとその先の一族の未来を考えたとき、「**良**」**に甘んじることなく、顧客にとっての**「**最良**」**を追求することがプロとしての姿勢**ではないかと私は思う。

まだまだ私も道半ばである。「業界の道標として常に進取の精神を持ち、新しい当たり前を創造する」というビジョンに向けて、これからも顧客に誠意を尽くし、最良を追求していくつもりだ。

２０１８年に出版した『地主の参謀』では、私の思いやそれに至った生い立ち、そして「地主の参謀」という事業の必要性についてまとめた。その後、『地主の決断』では地主に持っておいていただきたいものの見方や不動産についての知識を、そして『地主の真実』では、さまざまな地主と話す中で私自身も驚いた出来事についてまとめている。

特に『地主の真実』で述べたことは、本書『地主の経営』にも通じるが、地主を取り巻く驚くべき実情を私の中に留めておくのではなく、これから相続に関わる方、あるいは仕事として相続に携わっている方に知ってほしいという気持ちがある。その実情を事前に知っておくことで、いつか「そのとき」を迎えたときの備えとなるのではないか、と考えたのだ。

この『地主の経営』をもって、私は少し筆を置こうと思う。ただしそれは、「地主の参謀」という使命を果たし終えたからというわけではない。先に述べたように、「地主の大学」という別の形で、地主が幸せな未来に向かって歩む手伝いができたらと考えている。

人は根本的な考え方が変わらない限り、一時的な成果は出ても、また元の状態に戻ってしまうものだ。**成果は、「思考×行動」によってつくられる。**考え方をすぐに変えることは難しいが、学び続けることで徐々に変わることができるだろう。「すぐに」ではなく「徐々に」というのがポイントだ。

学び続けることで、人は徐々に、しかし確実に変わることができる。私は、そのために地主が学び続けられる環境を「地主の大学」で実現したい。


本書で繰り返し話してきたように、地主には頼れるパートナーが不可欠だと考えているが、それは私である必要はない。人には相性があるし、私の考えが合わない人もいるだろう。しかし、幸せな地主には誰かしら信頼の置けるプロがパートナーとしてついているものだという事実は変わらない。本書が、地主のみなさんが未来を共に歩むプロに出会う契機になってくれたら、とてもうれしい。

そして、もしも本書を読んでくださったのが、士業や不動産関連を生業とするプロであるならば、読む前と読んだ後で、何かしら変化が起こったのではないだろうか。私自身、「地主の参謀」という「これまでに存在しない仕事」をつくってきたわけだが、道なき道をつくり、進み続ける難しさを痛感してきた。しかし同時に、だからこそこの事業の意義や必要性があるのではないか、と考え、今日《こんにち》に至っている。まさに、過去の思考や行動が今の自分をつくり、そしてそれが未来へと続いている。

最後に、あらためてここまでお読みいただいたことに、感謝を申し上げたい。
本書によって、読者のみなさんが変わるきっかけを得られることを願っている。
それはきっと、幸せな未来への第一歩となるはずだ。

2024年12月吉日　ライフマネジメント代表取締役　松本 隆宏

装丁　　　鈴木大輔（ソウルデザイン）
DTP　　　明昌堂
編集協力　ブランクエスト

松本隆宏（まつもと・たかひろ）　**ライフマネジメント株式会社代表取締役**

1976年、神奈川県相模原市生まれ。高校時代は日大三高の主力選手として甲子園に出場し、東京六大学野球に憧れて法政大学へ進学。大学卒業後、住宅業界を経て起業。「地主の参謀」として資産防衛コンサルティングに従事し、数々の実績を生み出している。最年少ながらコンサルタント名鑑「日本の専門コンサルタント50」で紹介されるなど、プロが認める業界注目のコンサルタント。そのほか講師、作家、ラジオパーソナリティとしても活躍中。これまで７冊の著書を出版し、代表作に『地主の参謀―金融機関では教えてくれない資産の守り方―』『地主の決断―これからの時代を生き抜く実践知―』、『地主の真実―これからの時代を生き抜く実践知―』、『The参謀―歴史に学ぶ起業家のための経営術―』がある。

セミナーの案内は、
こちらからアクセスをお願いいたします

地主の経営

2024年12月13日　初　版　第1刷　発行

著　者　松本 隆宏
発行者　安田 喜根
発行所　株式会社 マネジメント社
東京都千代田区神田小川町 2 - 3 - 13
M&C ビル 3 F（〒 101 - 0052）
TEL 03 - 5280 - 2530（代表）FAX 03 - 5280 - 2533
https://mgt-pb.co.jp
印刷　中央精版印刷 株式会社

ISBN978-4-8378-0531-1　C0034